Rückbildungs-Gymnastik

Health Behavior Changes

- Pre contemplation
- Contemplation — Considering change
- Preparation to change
- Action — Implementing Change
- Maintanance — maintaining change
- Termination

südwest

Benita Cantieni

Rückbildungs-
Gymnastik

Fit nach der Schwangerschaft: das beste Programm für einen
starken Beckenboden und eine gute Figur

Wenn Sie sich in Ihrem Körper wieder zuhause fühlen, lässt sich der Altag mit Kind gut meistern.

Übung 4: Biegsamkeit für den Rücken.

Schwerpunkt Beine, Po

Übung 6: Das hebt den Po sofort.

Vorwort 1

Liebe Leserin,

Gratulation – zur erfolgreichen Geburt, zu Ihrem hoffentlich gesunden und munteren Kind und zur guten Wahl, die Sie mit dem Kauf dieses Buches getroffen haben.

In meiner Arbeit als Hebamme bin ich jeden Tag mit den Wünschen von Müttern nach der Geburt konfrontiert.

▶ »Ich möchte mehr Energie für den Alltag mit dem Kind.«
▶ »Wie kann ich meinen Beckenboden schnell wieder kräftigen?«
▶ »Ich möchte wieder in meine Kleider passen.«
▶ »Wie kann ich mein Gewebe kräftigen?«
▶ »Warum bin ich immer noch inkontinent, obwohl ich doch brav die Rückbildungsgymnastik absolviere?«
▶ »Ich fühle mich unten so offen, als fielen meine Organe gleich heraus.«
▶ »Mein Becken fühlt sich ganz schief an.«
▶ »Ich möchte meine Figur zurück.«
▶ »Seit der Geburt bin ich so kurzatmig.«
▶ »Was kann ich gegen meine Rectusdiastase machen?«

Ich habe selber zwei Söhne, ich kann diese Anliegen und Wünsche sehr gut verstehen.

Viele Jahre war ich auf der Suche nach einer Trainingsmethode, die diesen Anforderungen gerecht wird. Vor gut acht Jahren lernte ich die CANTIENICA®-Methode kennen und wusste gleich: Das ist es. Diese Methode ist anatomisch fundiert, logisch aufgebaut und im wahren Sinn des Wortes ganzheitlich. Obendrein deckt sie alle Bedürfnisse ab, die eine Frau und Mutter nach einer oder mehreren Geburten hat. Die konsequente Sanierung der Haltung von Sohle bis Scheitel, die konsequente Vernetzung der gesamten Tiefenmuskulatur, die Mobilisierung aller Gelenke, der natürliche, aufrichtende Umgang mit der Atmung hilft bei Beckenbodenschwäche, bei Inkontinenz der Blase und des Darmes; das Training behebt Rückenbeschwerden, Beckenschiefstand, Skoliose, Rundrücken und Flachrücken. Die Haltungs- und Muskelarbeit von innen nach außen vernetzt, strafft und festigt die gesamte Muskulatur. Hohlkreuz und Rectusdiastase werden schnell und nachhaltig behoben. Die Arbeit an Ihrem Körper wird von diesem mit Haltung, Kraft, Geschmeidigkeit, Beweglichkeit, Stabilität – und Schönheit – belohnt. Manche der von mir betreuten Mütter findet sich mit diesem Training schöner als vor der Schwangerschaft.

Die speziell für die Rückbildung konzipierten Übungen aus der CANTIENICA®-Methode stellen Ihnen vier praktische Kursprogramme zur Verfügung, die auf Ihre persönlichen Bedürfnisse eingehen. Zusammen ergeben die 36 Übungen ein Ganzkörper-Workout, das jeden Muskel Ihres Körpers erreicht. Das Training wird Ihnen auch helfen, den alltäglichen Anforderungen gewachsen zu sein. Die anatomisch exakten Übungen und die Vernetzung der tief liegenden Skelettmuskulatur verhelfen Ihnen zu einer guten, gelenkschonenden Haltung, die Ihnen sämtliche Tätigkeiten mit Kind erleichtert. Gewinnen Sie Kraft, Durchhaltevermögen und Stabilität. Lassen Sie Ihr Kind Ihre Freude an der Bewegung miterleben. Erleben Sie, dass Muttersein nicht Müdigkeit, Erschöpfung, Rückenschmerzen und verspannte Schultern bedeutet.

CANTIENICA®-Übungen sind anfangs herausfordernd, manchmal auch anstrengend. Benita Cantieni ist stur, sie macht keine Halbheiten. Wer sich auf ihre Körpermethode einlässt, muss sich wirklich einlassen: Die Schulen versäumen es leider, uns eine Gebrauchsanweisung für den Körper mitzugeben. So lange er reibungslos funktioniert, interessiert es die wenigsten von uns, wo oben und wo unten ist, was drin steckt und wie er funktioniert. Cantieni verlangt von Ihnen, dass Sie Ihren Körper bewohnen, dass Sie ihn wahrnehmen, dass Sie ihn unterstützen – damit er 100 Jahre gut mit Ihnen leben kann, als Erlebnis- und Erfahrungsinstrument. Machen Sie sich unvoreingenommen an die Arbeit. Es lohnt sich. Und lesen Sie unbedingt die Einleitung, damit Sie die Anleitungen verstehen. Das praktische Glossar am Ende des Buches hilft Ihnen, anatomische und »Cantieni-spezifische« Ausdrücke nachzuschlagen.

Egal, wie weit die Geburt zurückliegt, ob erst wenige Wochen oder schon ein paar Monate, und egal was Ihr Gynäkologe behauptet: Es ist immer der richtige Zeitpunkt, um mit diesem Training zu beginnen. Der Körper ist immer dankbar für Zuwendung. Und wenn Sie sorgfältig mit dem Körper umgehen, wenn Sie ihm das anbieten, was er braucht, so dankt er es Ihnen sofort – mit Gesundheit, Kraft und Schönheit.

Herzlich Ihre
Karin Altpeter-Weiß
www.cantienica-karlsruhe.de

Vorwort 2

Muskeltraining erfolgreich in der Inkontinenztherapie

Während einer Schwangerschaft sind 30 bis 60 % der schwangeren Frauen durch das Symptom Harninkontinenz beeinträchtigt. Auch wenn sich bei diesen Frauen die Harninkontinenz meist in den ersten drei Monaten nach der Entbindung zurückbildet, bestehen die Inkontinenzprobleme bei einigen Frauen langfristig weiter. Bei anderen entwickeln sich Inkontinenzsymptome von Harn und auch Stuhl sogar erst mit der Entbindung. Vor allem diese durch eine vaginale Geburt ausgelöste Inkontinenz steht im Zusammenhang mit geburtsbedingten Veränderungen der Beckenorgane und ihres stabilisierenden Halteapparates. Blasentrauma, Nerven- und Muskelverletzungen von Harnröhre und After sowie Schädigungen der Aufhängebänder der Beckenorgane werden beobachtet. Besonders Frauen, die ihr erstes Kind bekommen, sind von diesen belastenden Veränderungen betroffen.

Unterstützt durch Fördergelder der Universität Tübingen, der Europäischen Union und der Fresenius-Stiftung untersuchen und therapieren mein Team und ich seit über 15 Jahren geburtsbedingte Verän-

derungen am Beckenboden und deren Folgen, d.h. Harn- und Stuhlinkontinenz sowie Senkungszustände der Genitalorgane. Die regelmäßige Thematisierung unserer Erkenntnisse und Ergebnisse auf Fortbildungen und wissenschaftlichen Kongressen wird von Anfang an konsequent und erfolgreich mit dem Ziel verfolgt, Ärztinnen und Ärzte und betroffene Frauen im Allgemeinen für die oft noch tabuisierte Harn- und Stuhlinkontinenz zu sensibilisieren und Möglichkeiten der Therapie und Prophylaxe aufzuzeigen.

So stellen bestehende Schwächen der Beckenbodenmuskulatur und des Bindegewebes Risikofaktoren dar, besonders für die Entwicklung einer Harninkontinenz. In qualitativ hochwertigen Studien konnte in den letzten Jahren gezeigt werden, dass sich durch eine gezielte Stärkung der Beckenbodenmuskulatur schon während der Schwangerschaft und auch nach einer Geburt Harninkontinenzsymptome im Sinne einer Besserung positiv beeinflussen lassen. Dies lässt sich auch auf die Symptome einer Stuhlinkontinenz übertragen.

Eine engagierte Übungsanleitung hat sich in diesen klinischen Studien für die Betroffenen als eine der effektivsten Trainingsformen zur Bekämpfung einer beeinträchtigenden Inkontinenz erwiesen.

In gemeinsamen Workshops mit Frau Benita Cantieni konnte ich mich davon überzeugen, auf welch anschauliche Weise durch die CANTIENICA®-Übungen eine persönliche Körperwahrnehmung und Muskelstärkung gefördert und eine wesentliche Grundlage für eine Erfolg ver-

sprechende Inkontinenztherapie und auch Inkontinenzprophylaxe geschaffen wird.

Freuen Sie sich über Ihre persönlichen Erfolge, die Sie mit dieser Therapie erreichen können!

Priv.-Doz. Dr. med. Heiko B.G. Franz – Chefarzt Frauenklinik – Klinikum Braunschweig; www.klinikum-braunschweig.de, h.franz@klinikum-braunschweig.de

Vernetzung der gesamten Tiefenmuskulatur von Scheitel bis Sohle: das erfolgreiche Beckenbodentraining von Benita Cantieni.

Einleitung

Haben Sie sich so sehr mit dem neugeborenen
Kind beschäftigt, dass Sie die Rückbildung Ihres
eigenen Körpers vergaßen oder vernachlässigten?
War das verschriebene Rückbildungsprogramm
langweilig oder brachte es überhaupt keinen
Erfolg? Oder haben Sie die Wichtigkeit des
Rückbildungstrainings einfach unterschätzt?

Es ist nie zu spät für Rückbildungsgymnastik

Die CANTIENICA®-Methode bettet die Knochen und Gelenke in die schützende, stützende und komplett vernetzte Tiefenmuskulatur. So finden Becken, Hüften, Rücken ihre von der Natur vorgesehene Stabilität und Beweglichkeit. Die Spuren der Schwangerschaft an Bauch, Busen, Beinen und Po werden durch sanftes, behutsames Training positiv beeinflusst.

Um beginnen zu können, müssen Sie die Zeit frei machen, die Sie für sich brauchen. Keine Angst, Sie nehmen Ihrem Kind damit nichts weg, im Gegenteil. Das Kind profitiert, wenn Sie sich fit und ausgeruht fühlen, wenn Sie mehr Energie haben, mehr Lebenslust, und zwar nicht nur jetzt, sondern auch noch während der nächsten 20 gemeinsamen Jahre.

Dieses Rückbildungsprogramm berücksichtigt Ihren Alltag. Mehr noch: Die Übungen werden Ihren Alltag bereichern. Sie lernen wahrzunehmen, was in Ihrem, mit Ihrem Körper geschieht, was ihm gut tut und was nicht. Sie lernen, wie Sie Ihr Kind so aufheben und tragen können, dass Sie dabei Haltung, Kraft, Aufspannung gewinnen. Und so ganz nebenbei werden Sie Ihrem Kind ein gutes Vorbild für Haltung und Bewegung sein.

Geschichten, die Mut machen

Katja, 32 und Lehrerin, fühlte sich nach der zweiten Schwangerschaft gar nicht wohl. Die Linea Alba hatte sich gespalten und das herkömmliche Training hatte an dieser Rectusdiastase nichts verbessert. »Durch Zufall fand ich zum CANTIENICA®-Beckenbodentraining. Das gab mir überhaupt Mut zu einer dritten Schwangerschaft.« Das Kind, ein Mädchen nach zwei Jungen, wog über 4 kg. »Mein schwaches Bindegewebe wurde durch die Haltung und die regelmäßigen Übungen nicht zusätzlich geschwächt, und die Rectusdiastase verschlimmerte sich nicht. Dank des Trainings ist mein Beckenboden auch wieder straff und elastisch und, ich konnte mein Mädchen lange stillen.«

Ruth B. ist 33 Jahre alt. Sie hat zwei Kinder, die zweite Geburt liegt schon zwei Jahre zurück. »Zur Rückbildung konnte ich mich bei beiden Kindern einfach nicht aufraffen«, berichtet sie, und jetzt fühle sie sich müde und abgekämpft. So wirkt sie auch. Die Geburten haben Spuren an Bauch, Oberschenkeln und Po hinterlassen, sie leidet häufig unter Rückenschmerzen. »Das ist auch der Grund, weshalb ich herkomme, ich spüre, dass ich etwas für meinen Körper tun muss«, erklärt sie der Rückbildungsgruppe im Studio von Karin Altpeter-

Weiß in Karlsruhe. Anfangs fällt es ihr sehr schwer, sich für die Übungen zu motivieren. »Dabei spürte ich sofort, wie viel frischer, kraftvoller und vor allem auch besser gelaunt ich nach dem Training nach Hause kam.«

Nach drei Monaten sitzen die Hosen sehr viel lockerer, der Bauch ist wieder straff, die Konturen verändern sich. »Ich bekomme Komplimente, vor allem fühle ich mich viel besser«, sagt Ruth, »das ist die beste Motivation.« Die Rückenschmerzen hat sie im Griff, weiß genau, was sie machen muss, wenn sie sich wieder einmal – immer seltener – falsch gebückt hat oder das kleine Kind ohne Beckenbodenmuskulatur herumgetragen hat.

Kerstin H. ist 40 Jahre alt. Im November 2000 gebar sie ihr zweites Kind. Bei einer Untersuchung sechs Wochen nach der Geburt diagnostizierte der Frauenarzt bei Kerstin eine »mittelschwere Blasensenkung«. Die Beschwerden waren typisch: Sie verlor beim Lachen, Husten und Niesen Urin. Nach längerem Stehen oder Gehen drückte die Blase auf den Ausgang der Scheide, Kerstin hatte das sehr unangenehme Gefühl, die Blase falle unten aus dem Körper. Ungefähr acht Wochen nach der Geburt rappelte sich Kerstin auf, um einen Rückbildungskurs bei einer Hebamme zu beginnen. »Der Kursus ging über zehn Wochen, und trainiert werden sollten der Beckenbo-

den, Bauch, Beine und Po«, erzählt Kerstin. »Es waren 25 Frauen in der Gruppe, eine individuelle Betreuung fand nicht statt. Es wurde bei sämtlichen Übungen die Anweisung erteilt, Scheide und After fest anzuspannen. Auch nach zehn Stunden wusste ich nicht wirklich, welcher Muskel der Beckenbodenmuskel ist und wie ich ihn Gewinn bringend einsetzen kann.« Kerstins Beschwerden wurden nicht besser, im Gegenteil, die Senkung verstärkte, die Inkontinenz verschlimmerte sich. »Im Sommer 2001 war kein Spaziergang mehr möglich. Schon längeres Stehen war eine Tortur.«

Glücklicherweise gab Kerstin die Suche nicht auf und fand schließlich den Weg in das CANTIENICA®-Studio von Erika Lenz in Osnabrück. »Hier lernte ich meine Beckenmuskulatur wirklich kennen und vor allem – richtig einzusetzen«, sagt Kerstin. »Bereits nach vier Wochen Training spürte ich Linderung meiner Beschwerden und Veränderungen in meinem Körper.« Kerstin trainiert nun seit vier Jahren konsequent mit meiner Methode. Die Blasensenkung hat sich nicht nur nach ihrem subjektiven Empfinden deutlich gebessert, ihr Frauenarzt bestätigt das auch.

Nicole, 36, brachte ihr erstes Kind 2001 zur Welt. Nach der Geburt nahm sie diszipliniert und regelmäßig am Rückbildungsprogramm einer Hebamme teil. Ohne Erfolg. Wie so viele Frauen nahm Nicole ihr »Schicksal« hin. 2003 gebar Nicole ihr zweites Kind. Die Stressinkontinenz – Urinverlust beim Lachen, Niesen, Husten – verschlimmerte sich. Ein weiterer Beckenbodenkurs schien die Symptome zu lindern, doch bei der nächsten Vorsorgeuntersuchung bei der Frauenärztin im Herbst 2004 wurde ein Blasenvorfall diagnostiziert, »nur eine Operation könne das beheben, beschied mir die Ärztin.« Nicoles Beschwerden waren massiv. »Ich hatte immer das Gefühl, die Blase falle mir unten raus – so war es auch fast«, schildert sie, »ich konnte meine Tochter kaum heben, geschweige denn, den Kindern hinterherlaufen. Ich fühlte mich schrecklich, fast depressiv.«

Um eine zweite Meinung einzuholen, wechselte Nicole den Arzt. »Meine jetzige Ärztin vereinbarte mit mir eine Probezeit von einem halben Jahr, in der ich Beckenbodentraining machen sollte«. Welches denn das Sinnvollste sei, das konnte die Ärztin auch nicht sagen. Nicole recherchierte und stieß auf mein »Tiger Feeling® – Das sinnliche Beckenbodentraining«, ebenfalls im Südwest Verlag erschienen. Verunsichert durch die unterschiedlichen Theorien und Trainings suchte Nicole praktische Anleitung. Sie fand ins CANTIENICA®-Studio von Antonia Bousiou-Kalski in Leverkusen. »Ich trainiere zweimal pro Woche eine Stunde bei Antonia,

und dazwischen achte ich darauf, dass ich meinen Körper im Alltag anatomisch gut halte, bewege und einsetze«, sagt Nicole. Die Frauenärztin bestätigt, was Nicole spürt: Ihre Beckenbodenmuskulatur – allen voran der Levator Ani, gebildet aus der innersten Beckenbodenschicht – ist nach sechs Monaten Training straffer, elastischer, kräftiger und vor allem wieder tragfähig. »Mittlerweile kann ich vom Stuhl aufstehen, ohne dass ich das Gefühl habe, mir fallen meine Organe aus der Scheide, ich kann mit meinen Kindern wieder laufen und toben. Außerdem bin ich nicht mehr so niedergeschlagen, sogar mein Allgemeinbefinden hat sich verbessert, ich kann wieder lachen.«

Ab und zu, je nachdem, wie oft Nicole die zweijährige Tochter tragen muss, oder wenn sie viel Gartenarbeit macht, spürt sie die Blase. »Ich bin noch nicht am Ziel, ich muss den Beckenboden noch konsequenter in den Alltag einbauen, aber ich bin einen großen Schritt von einer Operation entfernt und bin mir sicher, die vollständige Heilung zu schaffen.« Und außerdem habe sie festgestellt, dass ihr Po höher sitzt und die Oberschenkel straffer sind – Nicole strahlt bei dieser Aussage.

Training statt Operation

Und hier der Erfahrungsbericht von Andrea, ebenfalls 36: »Ich erlitt bei der Entbindung einen Dammriss vierten Grades, welcher natürlich sofort genäht wurde. Leider bildete sich dort eine Fistel, so dass ich durch die Scheide Stuhl verlor.

Daraufhin wurde die Naht geöffnet, die dann sechs Wochen lang ausheilen sollte. Das Resultat: Ich war stuhlinkontinent.

Nachdem die Wunde ausgeheilt war, wurde mir vom Gynäkologen zur Behebung der Stuhlinkontinenz eine Operation empfohlen – Rekonstruktion des After-schließmuskels und des Dammes – allerdings ohne mir versprechen zu können, dass die unangenehme Stuhlinkontinenz hinterher behoben sei. Diese wenig ermutigende Aussage motivierte mich, nach Alternativen zu suchen.

Ich trainiere seit Januar 2005 mit der CANTIENICA®-Methode. Ich kann den Stuhlgang kontrollieren – außer er hat durch das, was ich gegessen habe, sehr weiche bis flüssige Konsistenz. Ich arbeite daran und bin zuversichtlich, dass ich durch die verfeinerte Wahrnehmung meiner Becken- und Beckenbodenmuskulatur wieder vollständig gesund werde.

Aufgrund dieser Verbesserung ist die Operation in weite Ferne gerückt. Mein Selbstwertgefühl ist natürlich auch gestiegen, ich kann wieder unterwegs sein, ohne Angst vor dem nächsten Malheur zu haben.«

Etwas Anstrengung, viel Belohnung

Damit Sie die beschriebenen Resultate einordnen und Ihre eigenen Erfolgsaussichten abschätzen können, schildere ich Ihnen, weshalb die Beckenbodenmuskulatur so wichtig ist und wie sie während der Schwangerschaft und während der Geburt funktioniert – oder eben nicht, je nachdem, ob sie fit, elastisch, kraftvoll und reaktionsfähig ist oder ob sie verspannt oder erschlafft ist.

Die CANTIENICA®-Methode ist ein wenig wie Golfspielen: Sie macht glücklich – und demütig. Sie ist ganz einfach – und unendlich schwierig. Wer meint, nun endlich alles verstanden zu haben, wird vom Körper gleich vor die nächste Herausforderung gestellt.

Ich weiß aus vielen Zuschriften zu meinen Büchern: Der Einstieg kann ziemlich anstrengend sein. Wer aus dem Turnunterricht in der Schule und aus den Aerobic-Klassen im Fitness-Studio nur »Gesäß anspannen und den Rücken in den Boden drücken« oder »Bauch anspannen und Hüften anheben« kennt, kann schon mal an meinem Verstand zweifeln. »Ich komme mit vorgehaltener Pistole zu Ihnen, und dann machen Sie mir das vor«, schrieb mir Nina in ihrer Wut. »Vielleicht verbirgt sich da ein Schatz«, mutmaßte

Ferdinand aus Österreich in meinem On-line-Forum, »aber das liest sich, als sei's von einem Sprachcomputer aus dem Russischen übersetzt worden«, wer ihm denn Untertitel liefern könne.

Mir ist bewusst, was ich von Ihnen verlange, wenn ich Sie beispielsweise bitte, die Sitzbeinhöcker zusammenzuziehen, um die innerste Schicht Ihres Beckenbodens zu aktivieren. Bitte interpretieren Sie es nicht in »Popo anspannen« um. Auch nicht in »Wasserstrahl anhalten beim Wasserlösen«. Und Sie müssen mir nun einfach mal glauben: Sie können das, Ihr Körper kann das, was ich Ihnen vorschlage. Es ist seine eigentliche Natur. Alles, was ich Ihnen vorschlage, entspricht dem anatomischen Bauplan Ihres Körpers. Die ermutigenden Aussagen von Anwenderinnen sind allesamt authentisch. »Ich finde die filigranen, feinfühligen Beschreibungen sehr hilfreich, wenn auch vielleicht etwas ungewohnt zu Anfang. Das Hinspüren und Hineinhorchen in den Körper ist doch so schön«, schreibt Maria aus Roding (Bayern).

Nikola B. berichtet, wie sie sich nach zwei sehr schwierigen Schwangerschaften und erfolglosem Rückbildungstraining im »Aerobic-Stil« behutsam an die CANTIENICA®-Methode herantastete. »Als ich bei Martina Neumayr in Olching mit dem Training anfing, fühlte ich mich in meinem Körper nicht mehr wohl, Beckenbodenschwäche, Anzeichen von Inkontinenz, Rectusdiastase, Bandscheibenvorfall zwischen zwei Halswirbeln, Rückenprobleme, etliche Kilo zu viel.« Nicola hatte so schnell so durchschlagend Erfolg, dass sie gegen die drohenden Prognosen ihrer Ärzte eine dritte Schwangerschaft wagte, »es wurde die leichteste Schwangerschaft von allen, ich konnte bis zum fünften Monat Skilaufen, lange Spaziergänge waren bis zum neunten Monat möglich, ich war aktiv bis zur Geburt, ich nahm nur 10 kg zu und war superschnell wieder in Form«. Natürlich seien ihr die Beschreibungen anfangs auch spanisch vorgekommen, doch sie habe durch die »vorgeschriebene« Sorgfalt Körperwahrnehmung und Achtsamkeit gewonnen, »es ist wieder mein Körper. Ich fühle mich in mir zuhause, ich habe viel mehr Kraft und Energie für meinen anstrengenden Alltag mit drei Kindern und Beruf. Es bleibt genug Energie für mich, ich habe mit Yoga begonnen, gehe wieder Langlaufen und fahre Ski, spiele Tennis, jogge. Ich habe eine gute Haltung und halte problemlos mein Wunschgewicht. Arbeitskollegen, selbst immer grauer im Gesicht, fragen mich nach der Quelle meines Jungbrunnens.«

Motiviert? Gut. Los geht's. Die Kurzformel für meine Methode: Alle Knochen werden so aufeinander gestapelt, dass keiner den anderen behindert. In dieser befreienden Aufspannung sind alle – ALLE! – skeletthaltenden Muskeln aktiviert, in einem Grundtonus. Mit kleinen, sorgfältigen und dreidimensionalen Bewegungen können diese skeletthaltenden Muskeln gekräftigt und obendrein miteinander vernetzt werden.

Klingt einfach. Ist es auch. Sobald Sie es verstanden und umgesetzt haben. Bis es soweit ist, kommen Ihnen wahrscheinlich – genauso wie mir und vielen anderen auch – ein paar blöde Glaubenssätze in die Quere. »Ohne Fleiß, kein Preis.« »Erfolg nur dem Tüchtigen.« »Was nützen soll, muss schmerzen.« »Was dich nicht umbringt, macht dich stark.« »Nur was anstrengt, kann auch nützen.« »Ich kann das nicht, ich war schon immer bewegungsdumm.« Und so weiter. Ich kann Ihnen aus eigener Erfahrung sagen: Das sind nicht Ihre Gedanken. Das ist soziokultureller Schmonzes, der Ihnen eingetrichtert wurde. Vor allem: Das ist alles nicht wahr. Die aufrechte Haltung ist kein Irrtum der Natur, sondern ein Meisterwerk. Großartiger entwickelt – körperlich gesehen – haben sich eigentlich nur die Vögel, sie haben die Schwerkraft ganz außer Kraft gesetzt und sich aus den Armen Flügel wachsen lassen.

Wenn Sie sich in Ihrem Körper wieder zuhause fühlen, lässt sich der Alltag mit Kind gut meistern.

Den eigenen Körper erfahren

Jetzt geht's schon fast zur Sache

Ich nehme an, Sie sitzen, während Sie dies lesen. Also schlage ich Ihnen eine erste Kontaktübung vor und erzähle Ihnen, was in Ihren Gelenken, Muskeln, Sehnen und Bändern vorgeht, wenn Sie die Anleitung umsetzen. Wenn Sie später nachschlagen möchten, weil Sie die Bedeutung des einen oder anderen Wortes in den anspruchsvollen Übungsbeschreibungen vergessen haben, können Sie im letzten Kapitel ganz einfach nachschlagen, Sie finden alle anatomischen und alle speziellen Begriffe alphabetisch aufgelistet.

Die richtige Stellung der Füße

Setzen Sie sich an den vorderen Rand des Stuhles, auf dem Sie sitzen. Füße bitte hüftweit auseinander und zart in V-Stellung, die Fersen stehen sich ein wenig näher als die Zehen. Die Knie sind genau über den Fersen und ebenfalls hüftweit auseinander. Das hat einen guten Grund: In dieser Position finden Sie Ihren idealen Beckenstand leicht, genauso die Beckenbodenmuskulatur. Die Gelenke sind entlastet, die Beinachse wird gleich mittrainiert, und die Tiefenmuskulatur der Füße, Beine und des Beckens kann sich leicht

vernetzen. Ziehen Sie die Knie gewohnheitsmäßig zusammen, machen demnach X-Beine, so schadet das auf Dauer den Füßen, den Sprunggelenken an den Füßen, den Knien, den Hüftgelenken und in hohem Maße dem Becken. Genau so schädlich sind O-Beine, auch sie belasten alle Gelenke der Füße, Beine und Hüften. In beiden Fällen können Sie aufgeblasene Ballons zwischen den Knien balancieren – nicht kneifen! Nur halten.

Nehmen Sie allen Druck von den Füßen. Nun lassen Sie das Großzehengrundgelenk und die Ferse in den Boden fließen. Stellen Sie sich einfach vor, Sie schieben die beiden Stellen wie große Druckknöpfe rhythmisch immer wieder in den Boden. Zuerst bei beiden Füßen gleichzeitig, dann abwechselnd links, rechts, links, rechts. Nehmen Sie wahr, was sich tut, und gehen Sie davon aus, dass es richtig ist, was Sie spüren: Neigen Sie zu Plattfußhaltung, spüren Sie, wie sich das Gewölbe des Fußes anhebt. Der Senk-Spreizfuß spürt Kraft und Spannung im Längs- und im Quergewölbe, wer einen Hohlrist macht, spürt wahrscheinlich die Spannung in den Zehen.

Die richtige Haltung des Oberkörpers

An dieser Stelle wird es notwendig, den Fokus auf den Oberkörper zu richten. Wie sitzen Sie? Mit krummem Rücken? Flachem Rücken? Schiefem Rücken? Oder – was sehr selten vorkommt, indes sehr oft vermutet wird – im Hohlkreuz? Stellen Sie sich vor, Ihr Kopf hänge an einem goldenen Faden, und zwar an der Lambda, so heißt die Stelle, an der die Schädelknochen beim Neugeborenen zuletzt zusammen wachsen (Fontanelle). Sie konnten oder können das bei Ihrem Kind ja gerade beobachten. Faustformel (besser Handformel): Mittelfinger in der Mitte der Stirn ansetzen, den Daumen zum Hinterkopf strecken, ebenfalls in der Mitte, da befindet sich der Punkt, den ich Kronenpunkt nenne.

Ziehen Sie Ihren Kronenpunkt zur Decke hoch. Das Kinn sollte in einem rechten Winkel zum Hals stehen. Die Hände bequem auf den Tisch oder auf Ihre Oberschenkel legen. Die Ellbogen schwer nach unten ziehen, gleichzeitig den Kronenpunkt zur Decke strecken.

Nun schieben Sie Fersen und Großzehenballen in den Boden. Vorausgesetzt, Sie sitzen aufrecht, spüren Sie, wie sich am unteren Ende Ihres Rückens »etwas« bewegt. Das sind Ihre Sitzbeinhöcker. Zwei Ringknochen am unteren Ende Ihres knöchernen Beckens. Über diese Sitzbeinhöcker erreichen Sie – Sie ahnen es schon – die innerste, wichtigste, flächengrößte Schicht Ihres Beckenbodens, den so genannten Levator Ani.

Der Levator Ani

Dieser Levator Ani ist das Zentrum der anatomisch sinnvollen Rückbildungsarbeit. Auf diesem Levator Ani ruhte Ihr Kind neun Monate lang, er bildet praktisch die Schale, in der die Gebärmutter aufgehoben, geschützt und gestützt ist. Bei der Geburt leistet der Levator Ani Schwerstarbeit. Ist er fit und kraftvoll, unterstützt er das Kind auf dem Weg durch den Geburtskanal. Gleichzeitig schützt er durch seine Form, die ich gleich beschreiben werde, das knöcherne Becken mit den Kreuzbein- und Hüftgelenken vor dauerhaften Schädigungen.

Kommt aus einem kleinen Becken ein großes Kind, so kann der Levator Ani die Vagina schützen und unterstützen. Je nach Lage des Kindes, Lage der Mutter bei der Geburt, je nach Zustand – Kraft und Geschmeidigkeit – der Beckenmuskulatur kann der Levator Ani bei der Geburt Schaden nehmen, durch Ausstülpung oder durch Einrisse von der Vagina Richtung Anus.

Weil er so wichtig ist, geht jede Übung in diesem Buch genau von diesem Levator Ani aus. Alle anderen Anteile der Beckenbodenmuskulatur werden mittrainiert, wenn die innerste Schicht arbeitet. Kein Anteil wird übertrainiert, keiner wird ausgelassen.

Der Aufbau des Levator Ani

Der Levator Ani ist vollkommen symmetrisch angelegt. Von der Mittellinie aus, die Sie sich zwischen Schambein und Steißbein vorstellen können, verbinden zwei fächerartig angelegte Muskelgruppen die Knochen des Beckens: Das Kreuzbein mit den seitlichen Beckenschaufeln (Darmbeinen) und dem vorderen Schambein.

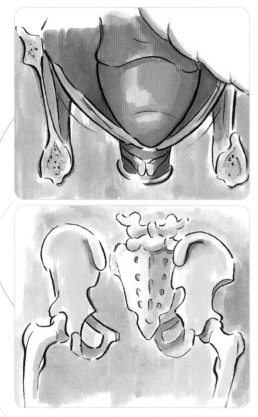

Mit dem Levator Ani werden alle Teile der Beckenbodenmuskulatur mittrainiert.

Anusheber heißt dieser Muskelverbund, weil er stielartig nach unten wächst und eine Muskelschicht zwischen Rektum (Enddarm) und Anus bildet – und den Anus eben hochziehen kann. Das müssen Sie jetzt selber erfahren und spüren.

Den Levator Ani spüren

Längst wieder eingesunken? Macht nichts. Am Stuhlrand sitzen, Füße und Knie hüftweit auseinander, Füße leicht in V-Stellung, damit auch das Becken seine ideale V-Form hat: unten eng, oben weit. Kronenpunkt zur Decke ziehen, Ellbogen nach unten dehnen, Schultern nach außen unten setzen. Nun ziehen Sie die Schließmuskeln zusammen, wie Sie das vermutlich im erfolglosen Rückbildungskurs gelernt haben oder lernen sollten. Die Vagina zusammenziehen, als wollten Sie Harndrang unterdrücken, den Anus zusammenziehen, als wollten Sie den Stuhl zurückhalten. Einmal, ein einziges Mal nur, dafür so stark, wie es geht, ohne mit dem Bauch zu pressen oder die Pobacken zusammen zu ziehen. Nehmen Sie wahr, wie sich das anfühlt: punktuell, anstrengend, fast krampfartig und – zweidimensional. Lösen. Und ich verspreche Ihnen: Das müssen Sie jetzt nie mehr machen.

Aktivieren Sie jetzt den Levator Ani: Großzehenballen und Ferse in den Boden schieben, die Reaktion an den Sitzbeinhöckern aufnehmen und diese Sitzbeinhöcker absichtlich noch näher zueinander ziehen. Schambein und Steißbein gleichzeitig nach unten in die Länge dehnen, den Kronenpunkt zur Decke ziehen.

Spüren Sie den Unterschied zwischen den beiden grundlegend unterschiedlichen Muskelsensationen? Ja? Super. Das ist gemeint, wenn es bei den Übungen heißt: Sitzbeinhöcker zusammenziehen, um den Beckenboden (Levator Ani) zu aktivieren. Nein? Wurde Ihr Levator Ani bei der Geburt verletzt? Wurde der Pudendus-Nerv, der den Levator fühlend macht, durch Überdehnung in Mitleidenschaft gezogen? Kein Grund zur Sorge, Sie brauchen nur etwas mehr Geduld, und die sind Sie sich wert, nach der Höchstleistung, die Ihr Körper bei Schwangerschaft und Geburt erbracht hat. Sie können mit den Fingern nachspüren, wie Ihr Levator arbeitet. Einfach seitlich die Finger zu den Sitzbeinhöckern schieben und nachspüren, wie sie sich bewegen. Denn jede Bewegung der Sitzbeinhöcker nach innen, zum Damm hin, beinhaltet eine Aktivität der innersten Beckenbodenschicht. Jedes Mal, wenn Sie diese Muskelschicht aktivieren, wird der Pudendus-Nerv stimuliert. Früher oder später erholt sich der Nerv durch diese Stimulation und leitet wieder direkt an das Gehirn. Sie spüren, wie sich der Beckenboden anspannt und entspannt. Ich habe viele Übungen für Sie ausgewählt, die Sie leicht in den Alltag einbauen können. So entsteht sehr bald wieder ein Automatismus in der Tiefenmuskulatur, sie macht von selbst mit, ohne, dass Sie daran denken müssen. Denn das ist die eigentliche Aufgabe aller Muskeln an unseren wunderbaren Körpern.

Der Selbsttest

Noch effizienter ist dieser »Selbsttest«, für den Sie vorzugsweise nackt sind. Sie können gern jetzt sofort die Hose runterziehen, Sie können den Test auch beim nächsten Toilettenbesuch machen oder vor dem Zubettgehen. Führen Sie behutsam den Daumen in die Scheide, richten Sie das Becken auf. Nun ziehen Sie die beiden Sitzbeinhöcker näher zusammen, Richtung Damm, wie ich das ja schon ausführlich beschrieben habe. Unter Ihrem Daumen richtet sich außen an der hinteren Wand der Vagina noch eine Wand auf und zieht Ihren Daumen richtig ein. Das ist Ihr Levator Ani. Skeptikerinnen, die sich ungern von der Idee mit dem Wasserstrahl lösen, können den Unterschied gleich mal testen. Entspannen, die Sitzbeinhöcker ruhig lassen, und nur die Schließmuskeln anziehen. So hebt sich die äußerste Schicht leicht an, in der Vagina spüren Sie wenig bis nichts. »Warum kann ich nicht einfach die Pobacken zusammenkneifen«, höre ich auch oft als Frage. Bitte, testen Sie die Wirkung. Sitzbeinhöcker in Ruhe lassen und einfach nur das Gesäß anspannen. Richtig, die Schließmuskeln verengen sich, die mittlere Beckenbodenschicht, die sich wie ein halbmondförmiges Trampolin von Hüftgelenk zu Hüftgelenk zieht, wird angespannt. Das Becken kippt automatisch, der Daumen wird aus der Vagina geschoben. Vom Levator Ani ist nichts zu spüren.

Diese Variante verformt den Frauenpo übrigens, statt ihn schön zu runden und anzuheben. Das können Sie an fülligen Frauen sehen, die viel Sport machen, ihr Hintern ist meist kastenartig aufgeplustert. Ich hatte selber so ein Modell. Jennifer-Lopez-Format hat mein Hintern immer noch, aber er sitzt hoch und rund, der Übergang von Gesäß zu Rücken ist stromlinienförmig, die unförmigen »Love Handles«, die übrigens vom mittleren Gesäßmuskel, dem Gluteus medius, gebildet werden, und zwar vor allem durch anatomisch unsinniges Beckenbodentraining, sind weg.

Natürlich sitzen Sie immer noch ganz vorne am Rand des Stuhles, was denn sonst. Füße hüftweit auseinander, leicht in V-Stellung, Fersen und Großzehenballen in den Boden schieben, Sitzbeinhöcker wahrnehmen. Nun atmen Sie an den Sitzbeinhöckern ein, ziehen den Atem durch das Steißbein, das Kreuzbein, die Wirbelsäule zum Kopf hoch, atmen am Kronenpunkt aus und werden – Achtung – beim Ausat-

men größer als beim Einatmen. Schwierig? Nur am Anfang. Einatmen, die Sitzbeinhöcker zusammen ziehen, durch die Wirbelsäule hochatmen, am Kronenpunkt ausatmen und dabei mindestens 5 cm wachsen. Sie können, während Sie weiter lesen, weiter atmen und länger werden.

Vernetzung der Muskeln

Das Becken hält noch mehr Muskelwunder bereit. Aufgerichtete Haltung vorausgesetzt, vernetzen sich die Muskeln von innen nach außen zu einem schützenden, stützenden, formenden und aufrichtenden Korsett, zentriert und verbunden von der Beckenbodenmuskulatur. Der Levator Ani ist direkt mit dem vielfach gespaltenen Rückenmuskel (Multifidus) verbunden, der wiederum mit den übrigen Rückenmuskeln vernetzt ist. Der Iliacus verbindet die Hüftgelenke mit den Beckenschaufeln und unterstützt die Geschmeidigkeit des Beckens bei jeder Bewegung. Der kleine und der große Hüftbeuger (Psoas minor und Psoas major) übertragen die Bewegungen der Hüftgelenke auf die Beckenhälften und stellen eine Verbindung zur Wirbelsäule her. Diese ganze Muskelpracht wird umfasst von den Bauchwandmuskeln: Drei große Muskelschichten vernetzen die Flächen von der Wirbelsäule zur Mittelnaht des Bauches (Linea Alba), sie bedecken die ganze Fläche vom Oberrand des Beckens bis zu den Rippen und zur Wirbelsäule (Obliquus Externus abdominis, Internus abdominis, Transversus abdominis).

Alle diese Muskeln werden bei den Übungen in diesem Buch aufgespannt, also in die Ausdehnung gebracht, die sie haben (könnten), wenn Sie sich zu Ihrer vollen Größe aufspannen. Um Ihnen ein Bild zu geben: Sie können sich diese Muskelvernetzungen wie ein Futter vorstellen, das Ihr äußeres Muskelkostüm unterfüttert.

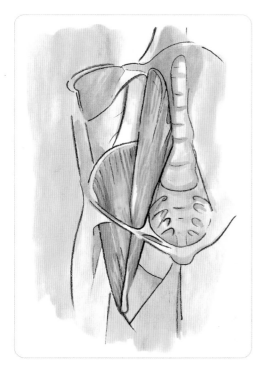

Das Innenleben Ihres Beckens: Powerteam Iliacus, Psoas Major und Minor.

Falls Sie unter einer Rectusdiastase leiden und Ihre langen Bauchmuskeln gespalten sind, ist es wichtig, das Prinzip der Vernetzung zu verstehen: Die äußersten Muskelschichten bleiben während der Bauchübungen entspannt, das »Muskelfutter« wird vernetzt, gedehnt, gestärkt und gekräftigt. Über diesem Futter kann sich die überdehnte Muskulatur zurückbilden.

Der Pyramidenmuskel

Ein kleiner Muskel verstärkt die Verbindung Beckenbodenmuskulatur-Bauch zusätzlich: der Pyramidenmuskel (Musculus Pyramidalis). Vorausgesetzt, Sie sitzen schön aufrecht, können Sie jetzt gleich zur Probe den Bauchnabel Richtung Brustbein hochziehen, OHNE die Stellung Ihres Beckens zu verändern. Sie spüren einen klaren Zug vom Schambein nach oben? Das ist er, Ihr Pyramidalis. Haben Sie mit einem Kaiserschnitt entbunden? Wahrscheinlich wurde Ihr Pyramidalis verletzt. Die Vernarbung dieser Wunde ist verantwortlich dafür, dass sich auch bei jungen Frauen nach einem Kaiserschnitt ein kleines überhängendes Bäuchlein bildet. Durch die bewusste Einbettung des Pyramidalis in Ihre tägliche Haltung finden die Muskeln die Verbindung und Vernetzung wieder, der Unterbauch wird wieder flach.

Ich integriere diesen Pyramidalis in sehr viele Übungen – für Ihre Schönheit. Aber

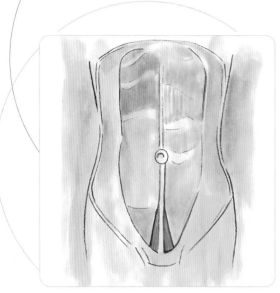

Der Pyramidalismuskel verbindet die Beckenboden- mit der Bauchmuskulatur.

auch für Ihre Orgasmusfähigkeit. Denn mit dem Pyramidalis wurden möglicherweise auch Nerven verletzt oder geschwächt, die Ihre Schamgegend sensibilisieren. Durch die Vernetzung der gesamten Beckenboden-Becken-Bauch-Muskulatur werden auch die Nerven stimuliert und wieder voll leit- und lustfähig. »Meine Orgasmen sind viel intensiver als früher,« berichtet Manuela, 34, stellvertretend für viele Frauen. »Interessanterweise habe ich heute eindeutig vaginale Orgasmen, vor der Geburt und vor allem vor dem CANTIENICA®-Beckenbodentraining kannte ich, wie viele andere Frauen auch, eigentlich nur den klitoralen Orgasmus. Der war und ist schön, ich hatte gar kein Bedürfnis nach etwas anderem, erst jetzt, da ich den vaginalen Orgasmus kenne, weiß ich, was mir fehlte. Das ist alles immer noch ein Tabuthema.«

Alles ist mit allem verbunden

An unserem Körper ist alles miteinander verbunden, eines bedingt das andere. Sind Ihre Füße deformiert, so stimmt auch mit dem Stand Ihres Beckens etwas nicht, es ist also ziemlich sinnlos, an den Füßen herumzulaborieren, wenn die Ursache wahrscheinlich im Beckenstand oder in der Haltung der Wirbelsäule liegt. Die CANTIENICA®-Methode macht sich – und Ihnen – dieses einfache und logische Prinzip zu Nutze. Alles, was Sie für die gute Haltung tun, hat Auswirkungen vom Scheitel bis zur Sohle. So ist das aufgerichtete Becken mit vernetzter Muskulatur die Grundlage, um die Wirbelsäule aufzuspannen: Kronenpunkt nach oben, Scham- und Steißbein nach unten, Schultern entspannen und nach außen unten setzen. Schon haben Sie über 200 kleine Muskeln aktiviert, die sich wie ein Futteral um die Wirbelsäule drapieren, genial verstrebt zwischen den Wirbeln, diagonal von Wirbel zu Wirbel, seitlich zu den Rippen. Die Achtlosigkeit diesen Muskeln gegenüber ist Schuld daran, dass der Mensch im Alter schrumpft, als einziges Wirbel-Säugetier übrigens, und dass sich in den Gelenken Arthrose bilden kann.

Bandscheibenschaden, Ischiassyndrom, Schmerzen in den Kreuzbeingelenken, Steißbeinsyndrom, Knochenschwäche, Kieferprobleme haben mit Schwäche der skeletthaltenden Muskulatur zu tun. Die Wirbelsäule wird gestaucht, verkrümmt und verkürzt. Will heißen: Die Rückbildungsgymnastik, die Ihnen in diesem Buch geboten wird, saniert Ihre Fehlhaltung, aktiviert 100 % Ihrer Muskulatur und ist so auch die beste Altersvorsorge, die Sie machen können.

Der Atem: Da geht die Körperpost ab

Der Atem ist das beste Transportmittel für Informationen zwischen Muskeln, Knochen, Bändern und Sehnen. Yoga, Ayurveda und Kinesiologie nutzen das Prinzip seit vielen Jahren sehr erfolgreich. In der CANTIENICA®-Methode nutzen wir den Atem, um die Aufrichtung zu unterstützen und die neue Haltung im Körper zu verankern.

Das Zwerchfell ist wie ein Fallschirm

Bevor ich Sie auf meine wunderschönen Atemreisen entführen kann, muss ich mit einem Ammenmärchen aufräumen. Einem

Ammenmärchen, an dem ich selbst sehr lange hing. Bis der Körper einfach nicht mehr so atmen wollte, wie ich es mühselig gelernt hatte, seit ich mit 16 Jahren endlich meinen grauenvollen Sprachfehler überwinden wollte (der seinerseits wieder mit einem Gehörschaden zusammenhing. Und Asthmatikerin war ich auch).

Ich habe von meinem Körper gelernt, mein Geist hat von meinem Körper gelernt: Das Zwerchfell senkt sich beim Einatmen nicht ab, sondern es richtet sich im Gegenteil auf, wie ein Fallschirm dehnt es sich radial aus, nach hinten und zu den Seiten und nach vorne. Vorausgesetzt, ich lasse es zu.

So dehnt es die geschmeidigen »fliegenden« Rippen und schafft den Lungenflügeln Raum zur Ausdehnung, sie füllen sich mit unendlich viel Luft. Die Organe können sich bei jedem Einatmen ausdehnen, vollkommen geschützt in dem großartig organisierten Bauchraum: Unten schützt und stützt der Levator Ani, oben spannt sich das Zwerchfell auf wie ein Himmel. So, und nur so, macht unser Bauplan Sinn.

Mir ist bewusst, dass ich mit dieser Aussage in unserer Kultur Widerspruch provoziere, nach dem Motto: Was die Mehrheit für richtig hält, muss doch einfach richtig sein. So war das auch, als ich mein erstes Beckenbodenbuch im Jahr 1997 veröffentlichte (Tiger Feeling® – Das sinnliche Beckenbodentraining, Südwest Verlag). Heute gilt meine Arbeit von damals als Standard für die meisten Beckenbodentrainings. Genauso wird es auch mit der Zwerchfellatmung sein: Erst hagelt es Protest auf die Pionierin, und in fünf Jahren wollen es 1000 andere als erste entdeckt haben.

Darf das Zwerchfell sich so ausdehnen, wie es seine Natur ist, so unterstützen die Muskeln, mit denen es innen an der Brustwirbelsäule befestigt ist, die Aufrichtung des oberen Rückens. Das ist eine wundervolle Stütze und Aufrichtung, etwa bei Rundrücken, Skoliosen etc. Auch Asthmatikerinnen erleben sofort eine unbeschreibliche Ausdehnung.

Die Regenbogenatmung

Bereit zum Atemexperiment? Aufrecht hinsetzen. Mittlerweile wissen Sie schon: Füße hüftweit auseinander und in leichter V-Stellung, direkt auf den Sitzbeinhöckern ausrichten. Den Kronenpunkt zur Decke, Scham- und Steißbein in die Gegenrichtung dehnen, und durch dieses Zug-Gegenzug-Prinzip Becken und Wirbelsäule aufspannen.

Legen Sie zwei Finger auf der rechten Seite an die untersten Rippen, zwei Finger hinten links an die unteren Rippen. Atmen Sie vorne rechts ein. Stellen Sie sich vor, der Atem zeichne einen großen Regenbogen nach zu den unteren Rippen hinten links, ausatmen und beim Ausatmen größer wer-

Bei der Regenbogenübung liegen zwei Finger der rechten Hand an den vorderen rechten Rippen, zwei Finger der linken Hand links am Rücken an den unteren Rippen – und umgekehrt.

den als beim Einatmen. Ja, ich weiß, das klingt beim ersten Versuch schwierig, vielleicht widerspricht es allem, was Sie gelernt haben, aber versuchen Sie es trotzdem. Finger vorne links und hinten rechts an die unteren Rippen legen, vorne einatmen, Regenbogen aufspannen, hinten ausatmen. Je drei Mal.

Massage für die Organe

Sie können auch einen Himmel aufspannen, die Kuppel des Kölner Doms, ein Kreuzgiebelgewölbe, einen Sonnenschirm, einen Tandemfallschirm – egal. Wichtig ist, dass Sie spüren, wie sich die Rippen seitlich ausdehnen, wie es ihrer Natur entspricht, wie sich die oberen Rippen anheben – im Sinne von waagrecht ausrichten, nicht im Sinne von aufplustern! –, wie sich der Busen anhebt, wie Sie real mehr Sauerstoff in die Lungen bekommen, weil das Zwerchfell für die Lungen mehr Raum schafft. Gleichzeitig massieren die aufgespannten Bauchmuskeln von allen Seiten die Organe. Sie können das vor dem Spiegel sehen: Viele Sängerinnen erarbeiten sich ihr matronenhaftes Aussehen, indem sie das Zwerchfell übertrieben nach unten schieben und dazu mit allen Bauchmuskeln auch noch pressen. Richtet sich das Zwerchfell beim Atmen auf, bildet sich sofort eine Taille, alle Bauchmuskeln helfen mit, dehnen sich, massieren, stützen, schützen und heben die Organe an.

Gewöhnungsbedürftig, ich weiß. Tausendfach erprobt von Starsängerinnen und auch von Atemtherapeutinnen, die unter Tränen von der Atmung Abschied nehmen, die sie jahrzehntelang unterrichteten, und die sie nicht vor Organsenkungen, Inkontinenz, Rundrücken schützte – sondern sie, wie Sie nun schon richtig vermuten, im Gegenteil unterstützte, beschleunigte und verstärkte.

Auch hier haben Sie den besten Lehrer, die beste Lehrerin im Haus: Ihr Kind atmet so, wie ich es beschreibe. Gesunde Kinder spannen sich natürlich und leicht auf, sie atmen natürlich und leicht, ohne ihrem Körper eine Technik aufzuzwingen, die seiner Natur widerspricht.

Das Universum eratmen

Maria aus Roding: »Früher fand ich es oft so schwer und anstrengend tief einzuatmen, weil ich wohl den Atem immer hinunterpressen wollte in den Bauch. Jetzt, wenn ich mit meinen Gedanken von den Sitzhöckern über die Wirbelsäule nach oben reise, wird mir warm und leicht, kann ich größer werden, locker und leicht, und der Atem fließt einfach durch meinen Körper. Ich kann ihn in jede Richtung fließen lassen, an den Zehenspitzen rein, durch die Fingerspitzen raus. Durch das Wurzelchakra ein, durch

Zungenwurzel hat Kontakt zum Gaumen

das Kronenchakra aus. Durch das Hara ein, und es dehnt sich die Wirbelsäule gleich nach unten und nach oben auseinander, und irgendwo wieder aus. Eigentlich muss man nur mit den Gedanken dabei sein, und man macht die schönsten Atemreisen, denn der Atem fließt von selbst. So schön hab ich das erst durch Ihre Anleitungen erfahren, liebe Frau Cantieni.«

Die richtige Atmung bei den Übungen

So. Bereit für die Weltreise durch Ihren Körper? Alle Atemreisen sind perfekte Vorbereitungen für den Aufbau aller Grundpositionen. Bei vielen Übungen habe ich die ideale Atemstütze eingebaut. Sobald Sie mit dieser Atmung vertraut sind, wird Sie diese Art zu atmen auch beim Sport begleiten und den Körper in der neuen aufgespannten Leichtigkeit unterstützen.

Der Atem hilft Ihnen bei der Aufrichtung. Er vernetzt die Tiefenmuskulatur. Obendrein transportiert er die Informationen in Ihrem Körper. Und er unterstützt die Leichtigkeit. Über den Atem können Sie die Beckenbodenmuskulatur reaktionsschnell machen, damit sie angepasst an die jeweilige Situation immer das Richtige macht: schützen, stützen beim Husten, Lachen, Niesen und entspannen beim Sex. Und auf der Toilette.

Mit dem Atem aufspannen

Wenn Sie im Sitzen lesen: Wieder aufrichten und aufspannen, wie Sie das nun ja schon kennen. Sie können die Atemübungen alle auch im Liegen machen. Wenn Sie schlaflos liegen, hat Atmen sehr viel mehr Erfolg als Schafe zu zählen: Es beruhigt Herz, Geist und Nerven. Regelmäßiges, tiefes Atmen verlangsamt den Puls, unterstützt den Körper bei der Produktion der »Schlafhormone«. Im Schneidersitz funktionieren die Atemübungen genauso wie am Steuer, im Bus, in der U-Bahn oder im Flugzeug...

Den Mund leicht offen halten. Die Zungenwurzel zum Gaumen hoch ziehen und aktiv an dieser Stelle halten. Noch mal anders formuliert: Das hintere Ende der Zunge zum Gaumen hochziehen. Stellen Sie sich vor, die seitlichen Enden der Zunge seien direkt mit den Ohren verbunden. Was muskulär übrigens zutrifft.

Trotz des leicht geöffneten Mundes: Durch die Nase einatmen, durch die Nase ausatmen, in Ihrem ganz individuellen Rhythmus. Bei jedem Atemzug ruhiger werden.

Das Becken beatmen

Beim Einatmen die Sitzbeinhöcker anziehen, den Atem zu den Beckenschaufeln ziehen, beim Ausatmen die Schaufeln weit öffnen. Falls Ihnen das zu intellektuell klingt und Sie lieber mit einem Bild arbeiten möchten: Wunderbar. Nur zu. Durch die Sitzbeinhöcker einatmen mit einer warmen Meereswelle, durch die Beckenschaufel ausatmen. Oder stellen Sie sich Ihre Lieblingsblume vor, durch die Sitzbeinhöcker einatmen, beim Ausatmen öffnet sich im Becken eine riesengroße Rosenblüte. Fünf Mal.

Nun durch den rechten Sitzbeinhöcker einatmen, der Höcker wird dabei ganz leicht zum Damm geholt, ausatmen durch die linke Beckenschaufel, die Blumenblüte öffnet sich zur Seite und nach hinten. Einatmen am linken Sitzbeinhöcker, dann den Atem zur rechten Schaufel ausdehnen und eine große Blume öffnen beim Ausatmen. Je fünf Mal.

Stützpunkt Körpermitte

Szenenwechsel. Am Bauchnabel einatmen, den Atem in einem V zu den Rippen hoch ziehen, beim Hochziehen wachsen, wachsen, wachsen. Seitlich an den Rippen ausatmen.

Um das Becken zu beatmen: Atmen Sie durch die Sitzbeinhöcker ein und durch die weit geöffneten Beckenschaufeln wieder aus.

Bei dieser Variante atmen Sie durch den Bauchnabel ein, leiten den Atem zu den Flanken und atmen seitlich an den Rippen aus.

Wer zu einem Flachrücken neigt, stellt sich vor, der Oberrand des Kreuzbeines komme dem Bauchnabel entgegen, ganz so wie ein Magnet. Atmen Sie am »Magnetpunkt« am Kreuz und am Nabel gleichzeitig ein. Wenn Sie das verstanden haben, so spüren Sie eine zusätzliche Aufrichtung des Beckens und der Lendenwirbelsäule. Fünf Mal.

Den Brustkorb aufrichten

Nun wandern Sie weiter nach oben. Richten Sie in der Mitte des Brustbeines eben-

Zum Aufrichten des Brustkorbs atmen Sie in der Mitte des Brustbeins ein, weiter zu den Schultern und durch die Schultern aus.

falls einen (imaginären) Magneten ein: Der benachbarte Punkt am Rücken kommt dem Brustbein entgegen, und es wird eine Dehnung am oberen Rücken spürbar. Atmen Sie am Magneten ein, und atmen Sie weiter zu den Schultern. Dann beim Ausatmen durch die Schultern entspannen: Die Ellbogen fließen nach unten, der Kronenpunkt dehnt sich dabei noch mehr zur Decke. Und Sie werden beim Ausatmen länger als beim Einatmen. Drei Mal.

Diagonal: Atmen Sie am Brustbein-»Magneten« ein, dann den Atem zur rechten Schulter lenken, ausatmen und die Schulter entspannen. Wieder einatmen am Brustbein, den Atem zur linken Schulter schicken, ausatmen und alle Last aus der linken Schulter loslassen. Je drei Mal.

Die große Atemdiagonale

Sind Sie bereit für die große Diagonale? Super. Einatmen am linken Sitzbeinhöcker (der gleichzeitig leicht angezogen wird), den Atem quer durch den Körper zur rechten Schulter ziehen, ausatmen, die Schulter entspannen, den Kronenpunkt hochziehen. Einatmen am rechten Sitzbeinhöcker, zur linken Schulter. Jeweils fünf Mal.

Stellen Sie sich zu Beginn zunächst einmal vor, wie der Atem diagonal durch den

Körper reist. In Wahrheit verlaufen tatsächlich viele Muskeln ganz genau so diagonal: Der Atem reist mit dem Musculus Iliacus zum Psoas-Muskel und wird dort von der Zwerchfellschlaufe und von den autochthonen Rückenmuskeln übernommen, die transversalen Rippenmuskeln leiten den Atem dann direkt zu den Schultern. Diese Königsdisziplin aller Atemreisen trainiert ganz nebenbei auch noch die Gehirnhälften mit und verhindert, dass Ihr Körper im Alter die Koordinationsfähigkeit für den menschlichen Kreuzgang verliert.

Am Atem aufrichten

Durch die Sitzbeinhöcker einatmen, die Wirbelsäule entlang zum Kronenpunkt, durch den Kronenpunkt ausatmen und beim Ausatmen länger werden als beim Einatmen.

Raum für die Lungen

Diese Variante kennen Sie schon, deshalb sei sie nur ganz knapp wiederholt: Durch die unteren Rippen vorne rechts einatmen, durch die unteren Rippen hinten links aus-

Diagonales Atmen ist die Königdisziplin und trainiert obendrein beide Gehirnhälften und das Koordinationsvermögen.

Mit dem Atem länger werden: Atmen Sie von unten nach oben, von den Sitzbeinhöckern bis hinauf zum Kronenpunkt.

atmen. Je fünf Mal. Umgekehrt: Bei den untersten Rippen hinten rechts einatmen, bei den untersten Rippen vorne links ausatmen. Hinten unten links ein, vorne unten rechts aus. Ebenfalls jeweils fünf Mal.

Probieren Sie aus, was Ihrem Körper gefällt. Die »eiserne Henriette« mit vorstehenden Rippenbögen mag im Allgemeinen die Zwerchfellausdehnung von vorne nach hinten. Die »runde Berta« mit buckligem Rücken liebt den umgekehrten Weg. Wer an einer Wirbelsäulenverkrümmung leidet, ist von beidem etwas, auf einer Seite die eiserne Henriette, auf der anderen die runde Berta, entsprechend mag es die eine Seite von vorne nach hinten, die andere von hinten nach vorn.

Generell gilt: Immer gegenseitig atmen, also von links unten nach rechts oben, von rechts unten nach links oben. Und nicht zehn Mal von links nach rechts und dann zehn Mal von rechts nach links. Das mag zwar verführerisch zeitsparend klingen, verschenkt jedoch den Nutzen der Diagonalatmung und kann Einseitigkeit, die in jedem Körper steckt, noch verstärken, anstatt diese aufzulösen. Ebenfalls gilt: Immer von unten nach oben.

Resümee

▶ Der Atem ist das Transportersystem für Informationen im Körper.

▶ Der Atem unterstützt die Aufrichtung, die Koordination und das Gleichgewicht.

▶ Dehnt sich das Zwerchfell beim Einatmen radial aus, können sich die Lungenflügel ebenfalls optimal ausdehnen. Die Brustwirbelsäule wird entlastet.

▶ Das anatomisch richtige Atmen schützt und stützt Organe des Bauchraumes. Richtiges Atmen beugt Organsenkungen vor oder hilft, bereits vorhandene Senkungen wieder zu beheben. Es schützt die Beckenbodenmuskulatur und massiert bei jedem Atemzug die Organe.

▶ Die Wirbelsäule kann mit dem Atem gestützt werden, Haltungsschäden wird vorgebeugt. Bei bestehenden Fehlhaltungen ist der Atem die perfekte Unterstützung für die Harmonisierung des Wirbelverlaufes.

▶ Aktives, bewusstes und anatomisch sinnvolles Atmen entlastet den Levator Ani von allem Druck von oben.

▶ Atmen macht glücklich.

Weshalb Rückbildung so wichtig ist

Eine Schwangerschaft und eine Geburt sind Höchstleistungen für den weiblichen Körper. Muskeln, Bindegewebe, Bänder und Sehnen haben neun Monate lang Zeit, um langsam mit dem Kind zu wachsen. Dann kommen die Wehen, und ein paar Stunden später ist das Kind da.

Noch extremer wirkt ein Kaiserschnitt auf den Körper: Schnitt, Schnitt, Kind raus. Die Mutter ist in Lokal- oder Vollnarkose, der Körper – vor allem der Hormonhaushalt – kriegt die Geburt gar nicht mit. Das Kind ist einfach da.

Gleichgültig, ob Sie natürlich oder mit Kaiserschnitt geboren haben: Verlangen Sie nicht von Ihrem Körper, dass er so tut, als wäre nichts geschehen. Lassen Sie sich nicht beirren von den Filmstars, die vier Wochen nach der Geburt schlanker sind als vor der Schwangerschaft. Das ist weder natürlich noch gesund. Und niemand berichtet Ihnen von den Langzeitschäden, die durch solchen Raubbau verursacht werden.

Mit der gezielten Rückbildung können Sie sechs Wochen nach der Geburt beginnen (außer Ihre Hebamme oder Ihr Frauenarzt empfehlen etwas anderes). Stillen Sie, wird sich Ihre Muskulatur nicht so schnell und so intensiv straffen und festigen, wie Sie das gerne hätten: Das Stillhormon Oxytocin hält Muskelfasern, Bindegewebe und Haut locker und entspannt. Trainieren Sie in dieser Zeit trotzdem und erst recht, dann werden die Muskeln nach dem Abstillen umso schneller Kraft und Festigkeit zulegen. Außerdem bleibt Ihr Stoffwechsel aktiv.

Bis zwei Jahre nach der Geburt oder zwei Jahre nach dem Abstillen reagiert Ihr Körper schnell und nachhaltig auf anatomisch sinnvolles und therapeutisch präzises Training. Je länger Sie warten, desto schwieriger ist die Prognose. Ich habe schon erlebt, dass sich eine Rectusdiastase, die mehr als fünf Jahre bestanden hatte, in drei Wochen schloss. Eine andere Frau begann ein Jahr nach der Geburt mit gezielter Vernetzung der Becken- und Bauchmuskulatur und benötigte sechs Monate, bis die starke Trennung der langen Bauchmuskeln aufgehoben war.

Ende des Durchsackens

Britta M., 33 Jahre, erstes Kind. Die Rückbildung blieb ohne nennenswerten Erfolg. Britta besucht seit November des Jahres 2005 regelmäßig CANTIENICA®-Kurse bei Claudia Mahler in Hamburg. »Ich liebe an dieser Methode die Alltagstauglichkeit«, schwärmt Britta. »Endlich weiß ich, wie ich mein Kind und auch schwere Dinge schadlos heben kann, wie sich der Kinderwagen rückenfreundlich schieben lässt, wie ich laufen kann, ohne den Beckenboden und die Gelenke zu belasten.« Sie spüre die angenehme Festigkeit im Rücken, »das Durchsacken beim Husten, Lachen und Niesen hat ein Ende.«

Im zweiten Anlauf den Beckenboden gefunden

»Ich lernte in der Rückbildung, den Harnstrahl zu unterbrechen,« berichtet Kerrin, 41, ein Kind. »Das habe ich auch fleißig geübt, bloß beeindruckte es meinen Beckenboden nicht, die Beschwerden blieben. Auch die Rectusdiastase wurde nicht besser.« Eine Freundin empfahl Kerrin das CANTIENICA®-Beckenbodentraining im Studio von Claudia Mahler. »Körper und Kopf haben verstanden, worum es beim Beckenbodentraining geht. Die Vernetzung von Fuß bis Kopf ist anfangs anstrengend – aber auch lohnend. Ich habe Kraft und Energie. Und die Bauchmuskulatur ist auch wieder in Ordnung.« Besonders praktisch findet Kerrin, dass sie jederzeit und überall üben kann und dass die Beckenbodenmuskulatur im Alltag eingesetzt wird.

Wie Rückbildung der Tiefenmuskulatur hilft

▶ **Bei Gewichtszunahme:**

Muskeltraining kurbelt den Stoffwechsel und die Fettverbrennung an. Je mehr Muskeln Sie also haben, desto höher ist der energetische Grundumsatz Ihres Körpers. Eine gute Haltung sorgt für Muskeln: Beides zusammen verändert sofort die Körperform und strafft die Konturen. Sie fühlen sich gleich größer und leichter, auch wenn Muskeln schwerer sind als Fett: Sie tragen Ihre Knochen und Gelenke. Und das Schönste überhaupt: Muskeln brauchen Bewegung. Je mehr Muskeln Sie haben, desto größer ist folglich der Drang, mit ihnen etwas anzufangen. In diesem Sinne sind Muskeln Motivation.

▶ **Bei Dehnung der Haut:**

Bei Dehnung der Haut und des Bindegewebes, vor allem an Bauch, Busen, Po und Oberschenkeln: Durch die Aufspannung des ganzen Körpers und die konsequente Vernetzung der Tiefenmuskulatur verbessert sich die Durchblutung des Bindegewebes und der Haut. Das erhöht die Spannkraft und beschleunigt die Zellerneuerung. Das Hautbild verfeinert sich. Schwangerschaftsstreifen können sich ebenfalls verfeinern und verbessern. Haben Sie genetisch ein schwaches Bindegewebe oder haben Sie sehr schnell sehr viel Gewicht zugelegt, so sind die Aussichten nicht ganz so rosig.

Unterstützen Sie das CANTIENICA®-Training mit regelmäßiger Massage; dazu geeignet sind Mikrofasertücher oder Naturbürsten. Immer von unten nach oben. Auch wenn sich das Gerücht hartnäckig hält: Durch Bürstenmassage entstehen keine Besenreißer. Sanfte Körperpeelings und reichhaltige Pflege unterstützen die Haut ebenfalls.

▶ Bei Lockerung oder Verschiebung von Gelenken:

Am häufigsten nimmt die Symphyse (Schambeinfuge) Schaden, oft leiden auch Hüftgelenke, Kreuzbeingelenke oder das Steißbein. Alle CANTIENICA®-Übungen sind hilfreich für alle Gelenke: Die Vernetzung der gesamten Beckenboden- und Beckenmuskulatur bringt die Gelenke wieder in die ideale Lage. Erst, wenn die Gelenke wieder stabilisiert sind, werden sie gelenkig, geschmeidig und mobil gemacht. Das Becken wird ideal aus- und aufgerichtet. Sie lernen, wie Sie durch den aktiven, dynamischen Levator Ani die beiden Beckenhälften unabhängig voneinander bewegen können. Das macht Ihre Bewegungen und Ihren Gang geschmeidig und anmutig – und ist vor allem gelenkgerecht.

▶ Bei Beckenbodenschwäche:

Eine Geburt ist Schwerstarbeit für die Beckenbodenmuskulatur, vor allem für die innerste Schicht, den so genannten Levator Ani. Ist er fit und gut trainiert, bildet er eine Art Rutsche für das Kind (bei der natürlichen Geburt). Sehr oft wird der Levator Ani jedoch verletzt oder angerissen. Komplizierte Geburten können auch den Pudendus-Nerv schädigen, der in den Levator eingebettet ist. Bei einem Dammriss oder Dammschnitt nehmen oft genug auch die mittlere und die äußere Schicht Schaden. Die möglichen Folgen: Harnverlust beim Husten, Lachen, Niesen, Joggen und Springen, Senkungen von Blase und Gebärmutter, Erschlaffung der Muskulatur um die Vagina herum.

Die gesamte Beckenbodenmuskulatur wird bei jeder CANTIENICA®-Übung gezielt eingesetzt, Inkontinenz und Organsenkungen werden schnell und nachhaltig behoben. Was viele Frauen nicht wissen: Auch ein Kaiserschnitt kann die Beckenbodenmuskulatur schwächen, wenn der Schnitt und die Naht genau zwischen Ansatz der Beckenbodenmuskulatur und Ansatz des Pyramidalis (ein kleiner, pyramidenförmiger Muskel, der die innerste und die äußerste Beckenbodenschicht direkt mit der Bauchmuskulatur verbindet) geführt wird und die Narbe nicht optimal verheilt.

▶ Bei Senkung von Blase, Gebärmutter, Darm:

Durch die Vernetzung der gesamten Muskulatur des Beckens, des Bauches, des Rückens und der Hüften erhält das knöcherne Becken seine ideale Trichterform: unten schmal, oben weit. Das hebt die durch Schwangerschaft und Geburt abgesenkten Organe sofort an.

Außerdem wird bei jeder Übung der Levator Ani integriert. Dieser bildet die innerste Schicht der wertvollen Beckenbodenmuskulatur. Anatomisch richtig trainiert hebt er sich an, richtet sich quasi im Beckeninneren auf – und nimmt natürlich die gesenkten Organe Blase, Gebärmutter, Darm und Vagina mit nach oben. Die überdehnten Bänder und Sehnen können sich erholen und zurückbilden. Von der intensiven Muskelstimulation profitieren auch die Nerven und die Organe selbst, die Zellerneuerung wird beschleunigt und unterstützt. Auch die Verdauung profitiert von dieser Art der unentwegten Muskelmassage.

▶ Bei Urin- und Stuhlinkontinenz:

Leichte Inkontinenz kommt als Folge von Schwangerschaft und Geburt sehr häufig vor. Meist wird dafür alleine die Schwächung der Beckenbodenmuskulatur verantwortlich gemacht. Indes, die Haltung und die Atmung spielen eine ebenso wichtige Rolle. Deshalb entlastet die CANTIENICA®-Methode den Levator Ani nach dem 2-Wege-Prinzip: von unten durch Kräftigung und Straffung, von oben durch Entlastung. Das Zwerchfell wird beim Einatmen nicht mehr nach unten gepresst, sondern dehnt sich, wie es die Natur vorsieht, seitlich und nach oben aus. Dazu mehr im Kapitel Atem.

▶ Bei sexueller Unlust:

Viele Frauen fühlen sich nach der Geburt wund und weit. Dazu kommt die Angst, beim Verkehr Urin zu verlieren – und die Angst, nichts zu spüren und für den Partner nicht mehr attraktiv zu sein. Die gezielte Vernetzung der Beckenmuskulatur bringt die Empfindungsfähigkeit sehr schnell wieder zurück. Durch die Anhebung und Straffung der gesamten Beckenmuskulatur intensivieren sich die Lustgefühle der Frau – und natürlich auch jene für den Mann.

▶ Bei Überdehnung von Sehnen und Bändern:

Auch hier hilft die Vernetzung der tiefsten Schichten der Muskulatur. Die Sehnen und Bänder werden entlastet und können sich erholen. Die gut entwickelte, geschmeidige und aktive Muskulatur schützt vor weiterer Überdehnung.

▶ **Bei nachhaltiger Unsicherheit durch Veränderung der Körperstatik:**

Der große, schwere Bauch vor der Geburt verändert die Körperhaltung. Das therapeutisch präzise CANTIENICA®-Training führt Sie wieder in die anatomisch perfekte Aufrichtung. Außerdem bekommt Ihr Körper die Kraft, die er für den Alltag mit einem Kind braucht, für das Bücken, Heben und Tragen. Das verhindert die Entstehung von Beckenschiefstand, von hochgezogenen Schultern und Rückenschmerzen.

▶ **Bei Erweiterung der Venen, vor allem an den Beinen:**

Die Vernetzung der Tiefenmuskulatur wirkt wie ein natürlicher Stützstrumpf und ist die beste Venenpumpe, die Sie haben können. Der konsequente, situationsangepasste Einsatz der Becken- und der Beckenbodenmuskulatur im Alltag trainiert die Beinmuskulatur bei jedem Schritt.

▶ **Bei Wassereinlagerungen, ebenfalls vor allem an den Beinen:**

Regelmäßiges Muskel- und Haltungstraining unterstützt die Arbeit der Lymphen. Es entstaut und transportiert gleichzeitig überschüssiges Wasser aus dem Bindegewebe.

▶ **Wenn die Hormone Achterbahn fahren:**

Regelmäßiges, anatomisch sinnvolles Muskeltraining beeinflusst die Produktion von Glückshormonen und hilft, Stresshormone abzubauen. Das sorgt für gute Laune. Auch die Haltung beeinflusst die Stimmung und damit die Hormonausschüttung in hohem Maße. Hebammen berichten, das Training, das diesem Buch zugrunde liegt, habe die Kraft, den Baby Blues und sogar ausgewachsene postnatale Depressionen zu verhindern oder massiv zu lindern.

Motivation und Zeitmanagement – weil Sie es sich wert sind

Nur der Anfang ist schwer. Schon nach dem ersten Training werden Sie sich leicht und gestrafft fühlen. Nach drei Workouts bekommen Sie die ersten Komplimente und die Kleidung sitzt lockerer. Nach drei Wochen ist die Wirkung messbar und sichtbar. Falls Sie zu den Frauen gehören, die ihrem eigenen Empfinden, ihrem eigenen Wohlfühlen zutiefst misstrauen und die Bestätigung einer unbestechlichen Instanz benötigen: Kaufen Sie sich ein elastisches Messband und werfen Sie Ihre Waage fort. Muskeln sind schwerer als Fett. Wie oft kommen selbst gestandene CANTIENICA®-Instruktorinnen zu mir, um mich zu fragen, wie es denn komme, dass die Hose von den Hüften rutsche, aber die Waage einige Kilo mehr zeige. Die normalen Badezimmerwaagen sind meistens dumm, denn sie machen keinen Unterschied zwischen köstlichen, straffen, gedehnten Fitmuskeln und faulem Fett. Die Waage ist unendlich dumm, sie merkt noch nicht mal, dass Sie 3 cm (oder 4 oder 5) gewachsen sind und sich das Gewicht daher anders verteilt!

Seien Sie gescheit, und trennen Sie sich von diesem Terrorgerät! Ich gehe so weit, dass ich bei der jährlichen Kontrolluntersuchung bei meiner Gynäkologin die Augen zuhalte und die Arztassistentin bitte, das Gewicht nicht laut zu nennen. (Sie sehen, auch ich bin beim Thema Kilos schwer geschädigt.)

Die größte Herausforderung für eine Mutter mit einem oder mehreren kleinen Kindern ist die Zeit. Setzen Sie sich auf der Liste Ihrer Prioritäten ganz oben hin, gleich neben das Kind. Die Zeit, die Sie in sich und Ihr Wohlbefinden investieren, bekommen Sie und das Kind hundertfach zurück: Sie fühlen sich besser und sind gut gelaunt, Sie sind leistungsfähiger, reaktionsschneller, belastbarer, Sie brauchen weniger Schlaf, Sie haben Lust, sich auch mit dem Kind mehr zu bewegen, hinaus zu gehen an die frische Luft, Sauerstoff zu tanken und das Leben zu genießen. »Jetzt,

wo das Kind da ist, hat Ihr Körper doch das Recht darauf, mit der gleichen Aufmerksamkeit behandelt zu werden, wie das während Ihrer Schwangerschaft der Fall war«, rät Karin Altpeter-Weiß.

Nützliche Tipps

Karin Altpeter-Weiß hat aus ihrer Hebammen-Erfahrung folgende Tipps für Sie zusammengetragen:

Gleich nach dem Aufstehen ist eine gute Zeit, zum Trainieren – vorausgesetzt, das Baby schläft noch. Freundinnen, Mütter, Schwestern auf Besuch können entweder das Kind hüten – oder gleich mit Ihnen mitmachen.

Meistens haben Babys unmittelbar nach dem Stillen oder Füttern eine ruhige Phase von 30 Minuten. Nutzen Sie diese halbe Stunde für eines der vier Kurzprogramme. Trainieren Sie so, dass Ihnen Ihr Kind zusehen kann. Wenn es nicht schläft, wird es jede Ihrer Bewegungen neugierig verfolgen. Wenn Sie Glück haben, findet Ihr Kind das, was Sie da machen, so spannend, dass Sie 45 oder sogar 60 Minuten für sich arbeiten können. »Notfalls« können Sie eine kleine Schmusepause einlegen und dem Kind erklären, wie wichtig es ist, dass Sie jetzt Zeit für sich brauchen. Das Kind, egal wie klein es ist, versteht es!

Wenn es beim ersten Mal nicht klappt, einfach weiter probieren, nicht verzagen. Und bitte nur kein schlechtes Gewissen haben – das merken Kinder sofort und wollen in die Arme genommen werden. Kinder wissen eben noch genau, wie man sich wichtig nimmt. Schneiden Sie sich doch einfach ein Stück davon ab und erklären Sie Ihrem oder Ihrer Süßen, dass Sie auch wichtig sind, dass Sie mit ihr oder ihm 1000 Abenteuer erleben wollen, dass Sie für sie oder für ihn fit, voller Power, unternehmungslustig und jung sein wollen.

Erklären Sie Ihrem Kind, dass Sie jetzt Zeit für sich brauchen. Das Kind, egal wie klein es ist, versteht es!

Für Schreibabys gilt das alles leider nicht. Da müssen Sie Hilfe annehmen, sich mit anderen Müttern organisieren. Sehen Sie sich um, es gibt bestimmt in der nächsten Nachbarschaft eine Mutter mit der gleichen Herausforderung, die gerne mit Ihnen Zeit tauscht. Und wenn Sie mit dem Vater des Kindes leben, nehmen Sie ihn in die Pflicht. Durchleuchten Sie seinen Wochenplan: Montags geht er squashen, mittwochs spielt er mit den Kumpels Karten, am Samstag macht er seine geliebte Rad-Tour ... oder was auch immer. Reklamieren Sie genau so viele Stunden für Ihr Wohlbefinden, wie er sie für sich reserviert.

Bei älteren Kindern können Sie die Trainingsstunden gleich ins Kinderzimmer verlegen und sie motivieren mitzumachen. Im Studio in Karlsruhe holen sich die Kinder ganz von selbst die Decken und Kissen und richten sich neben den Müttern ein. Sie turnen so herzhaft und brav mit, dass es eine Freude für alle ist. Die Kinder akzeptieren einerseits, dass die Trainingslektionen genauso zu Mutters Tagesablauf gehören wie Duschen, Zähneputzen, Kochen oder Einkaufen. Und außerdem lernen sie ihren eigenen Körper kennen und entwickeln Spaß an Beweglichkeit und Körperkraft.

Lustinstrument Körper

Je besser Sie zu sich selbst sind, desto intensiver fühlt Ihr Körper und desto mehr Energie und Lebensfreude empfinden Sie. Das nützt Ihnen und Ihrem Kind und bringt obendrein Freude und Genuss in die Partnerbeziehung. Die sexuelle Lust kehrt zurück.

Das konsequente Training der gesamten Beckenmuskulatur verfeinert und intensiviert auf längere Sicht gesehen die Leitfähigkeit der Nerven. Die sexuelle Empfindsamkeit wird gesteigert, und es kann sehr gut sein, dass Ihre Orgasmen intensiver werden als vor der Schwangerschaft und der Geburt.

Keine Lust auf Training? Zwingen Sie sich. Halten Sie durch. Nur drei Wochen. Die Belohnungen für das bisschen Disziplin werden Sie für alles entschädigen. Und sobald der Körper wieder weiß, wie gut er sich fühlen kann, wird er Sie zwingen: Er wird sein Bedürfnis nach Kraft, Beweglichkeit und ein bisschen Herzklopfen einfordern, mit der gleichen Selbstver-

Ein kleiner Vorrat an großen Motivationen

▶ Ich werde mich nach dem Training wunderbar fühlen, entspannt wie nach einem Tag am Meer.

▶ Mein Körper ist mir kostbar. Ich umsorge ihn, damit er dem wunderbaren Kind, das er getragen und geboren hat, noch viele Jahre lang ein guter Spiel- und Lerngefährte sein kann.

▶ Ich bin wichtig. Ich reserviere mir die Zeit, die ich brauche, für mich – um mich in meinem Körper wohl und glücklich zu fühlen.

▶ Wenn es mir gut geht, meistere ich den Alltag leichter.

▶ Die Zeit, die ich in mich investiere, erhalte ich und erhält meine Familie tausendfach zurück in Form von Energie, Lebensfreude, guter Laune.

▶ Ich nehme meinem Kind und meinem Partner nichts weg, wenn ich gut zu mir bin.

▶ Es ist Liebespflicht, dafür zu sorgen, dass es mir gut geht. Denn geht es mir gut, geht es allen besser.

▶ Verstehe ich selbst, dass ich Zeit für mich brauche, werden es auch mein Kind und mein Partner verstehen.

▶ Wohlfühlen beginnt in meinem Kopf: Ich will gesund und fit sein. Für mich und meine Familie.

▶ Mein Körper hat nach der Schwangerschaft die gleiche Aufmerksamkeit verdient, wie während der Schwangerschaft.

▶ Ich kümmere mich aus Selbstliebe und aus Liebe zu meinem Kind auch um mich selbst.

ständlichkeit, mit der er Durst, Hunger oder Müdigkeit meldet. Von da an werden Sie gar nicht mehr verstehen, wie denn die Motivation überhaupt ein Thema sein konnte.

Plötzlich waren die Schmerzen einfach weg

Susanne K., 49, Erkrath: »Mein erstes Kind ist 22 Jahre alt, mein jüngstes wird zehn. Nach der Geburt des dritten Kindes und jahrelanger chronischer Bronchitis war es an der Zeit, etwas für mich zu tun. Inkontinent war ich nur nach größerer körperlicher Belastung, das Gefühl, dass mir unten alles rausfällt, empfand ich als viel schlimmer. Vor Einsetzen meiner Menstruation bekam ich regelrecht Beckenboden-Schmerzen. Das übliche Beckenbodentraining, welches ich einige Monate nach der Geburt meines dritten Kindes durchführte, brachte mir nur kurzfristig Linderung, denn im Alltag änderte sich dadurch rein gar nichts. Sobald die Alltagsbelastung wieder auftrat, war der Erfolg schnell zunichte. Ende 1997 begegnete ich in einer Reformhauszeitschrift erstmals Benita Cantieni und ihrem allerersten Buch zu ihrer Methode. Ich besorgte es sofort und gab mir große Mühe, die Übungen durchzuführen, um meinen Beckenboden zu kräftigen. Der Erfolg stellte sich zunächst an ganz anderer Stelle ein: Ein bestehendes Karpaltunnelsyndrom verschwand, ich merkte eines Morgens einfach, dass die Schmerzen nicht da waren. Nackenschmerzen verschwanden ebenfalls, sogar meine chronischen Kopfschmerzen wurden weniger – das Ganze innerhalb von nur drei Monaten ... Ich konnte es kaum glauben.

Nach wie vor bestand mein Beckenboden-Problem, und ich litt fast ständig unter Schmerzen im Lendenwirbelbereich. Alle möglichen Maßnahmen gegen die Rückschmerzen brachten nur kurzfristige Linderung.

Ab 2002 musste ich mich mit einer Brustkrebserkrankung und deren langwieriger Behandlung befassen, so dass mein BB-Problem erst einmal in den Hintergrund trat. Nach erfolgreicher Behandlung meiner Krebserkrankung fand ich im Jahre 2005 glücklicherweise eine CANTIENICA®-Instruktorin in meiner Nähe, Antonia Bousiou-Kalski, und war gleich nach der ersten Lektion davon überzeugt, jetzt den richtigen Weg gefunden zu haben.

Meine Rückenschmerzen ließen sehr schnell nach, und ich merkte, wie sich meine Körperhaltung veränderte. Wichtig finde ich die Erfahrung, dass alles Gelernte sofort in den Alltag fließt, auch der Einsatz des Beckenbodens. Ich merke immer mehr, dass mein Körper nach Aufspannung richtiggehend verlangt. Ich habe inzwischen das Gefühl, dass meine Organe vom Levator Ani wie durch eine feste, elastische Gummimatte getragen werden. Eine meiner größten Entdeckungen ist der Einsatz des Pyramidalis, welcher zu diesem Gefühl der Stabilität maßgeblich beiträgt. Abschließend möchte ich sagen, dass sich meine Erfolge ab der ersten Lektion stetig steigerten. Mein Ziel ist es, diese Methode und meine Begeisterung selbst als Instruktorin an andere weiter zu geben.«

Das beste Training

Ab wann, bis wann

Sie können dieses Programm ab der sechsten Woche nach der Geburt beginnen. Steigen Sie mit dem Grundprogramm für Haltung und Beckenpower ein, steigern Sie langsam, immer im Dialog mit Ihrem Körper, er sagt Ihnen, wie viel er braucht, was er mag, was ihm gut tut. Hören Sie auf sich selbst, auf Ihren Körper. Sie sind die einzige Autorität für sich selbst.

Die Programme in diesem Buch sind besonders für die vielen Mütter gedacht, die entweder ein untaugliches Rückbildungsprogramm serviert bekamen oder keine Zeit zum Trainieren hatten oder fanden, sie hätten langweilige Rückbildung nicht nötig. Das bedeutet: Diese Workouts wirken auch, wenn Sie sechs Monate, ein Jahr, zwei Jahre nach der Geburt damit

anfangen. Muskeln und Bindegewebe und Knochen und Knorpel sind großzügig und reagieren, wenn Sie ihnen Gutes tun.

Je länger die Frist zwischen Geburt und Rückbildung, umso langsamer reagieren Bindegewebe und Haut. In der Regel. Die Ausnahme ist immer möglich, mancher Körper wartet nur darauf, sofort mit schönen Formen, Kraft oder Geschmeidigkeit zu antworten. Also bitte nicht überrascht sein, wenn Hose oder Rock schon nach drei Wochen auf den Hüften schlabbern, und bitte nicht enttäuscht sein, wenn es sechs Monate dauert, bis Ihr Beckenboden bei jedem Schritt mitmacht. Jeder Körper ist einmalig, Sie sind absolut einzigartig, so wie Sie sind, und ich kann Ihnen leider keine garantierte Prognose geben, wie Sie, genau Sie mit genau Ihrem Körper genau auf die Übungen reagieren werden.

Wie oft, wie lange

Ich möchte Sie und Ihren Körper herausfordern, aber nicht überfordern. Das ist für Sie auch schon die erste Herausforderung: herauszufinden, wie Sie jedes Mal an jene unsichtbare Grenze gelangen, an der die Muskelkraft wächst, die Beweglichkeit gesteigert wird und die Ausdauer Antrieb kriegt. Die Herausforderung bei meiner Methode besteht darin, die Qualität der Position, die Präzision der Dehnung und die Intensität zu steigern. Mit der Turnvater-Jahn-Formel »die Anzahl jedes Mal steigern,« kommen Sie hier nicht weiter.

Achten Sie auf Ihre Tagesform. Menschen sind keine Roboter. Je nachdem, ob Sie gut oder schlecht geschlafen haben, wo Sie sich in Ihrem Monatszyklus hormonell befinden, ob Sie am Morgen oder am Abend trainieren, ändert sich auch Ihre Tagesform. Vielleicht haben Sie vor drei Tagen bei einer Übung 20 Wiederholungen gemacht, kriegen heute indes mit größter Konzentration »nur« zwölf zustande. Dafür sind diese zwölf aber vielleicht so intensiv und genau, dass Sie heute einen Quantensprung einleiten. Bitte beharren Sie nicht stur auf einem vermeintlichen Plansoll, wechseln Sie nach den zwölf Wiederholungen in die nächste Übung. Sie werden den Erfolg des Trainings ohnehin erst hinterher spüren: Sie müssen energiegeladen und glücklich sein, sonst war es nichts.

Der Idealfall

Am besten trainieren Sie zweimal pro Woche das ganze Programm plus zwei bis dreimal Ihre besondere Herausforderung, also Bauch oder Po und Beine oder Haltung oder Schultern, Busen, Arme. Das macht zwei mal 60 Minuten plus drei mal 20 Minuten. Unmöglich? Okay, das Minimum für schnelle, sichere und sichtbare Resultate: ein mal 60 Minuten plus zwei mal 20 Minuten für die persönliche Herausforderung.

Sobald Sie bei Ihrer Bestform an Schönheit, Kraft und Beweglichkeit angekommen sind, reichen ein mal 60 Minuten Vollprogramm und zwei mal 20 Minuten Kurzprogramm pro Woche aus, um die Resultate und Erfolge zu halten oder gar leicht zu steigern.

Im besten Fall sagt Ihnen Ihr Körper, dass er mehr will und mehr braucht, vielleicht haben Sie Lust auf Jogging, Schwimmen oder Radfahren. Zweimal Ausdauertraining pro Woche tut Körper und Seele gut. Vielleicht möchten Sie mit der CANTIENICA®-Methode weitermachen? »Beschwerdefrei laufen« (ebenfalls im Südwest Verlag) setzt Sie in Bewegung. Und bei www.cantienica.com im SHOP finden Sie weiterführende Übungsprogramme.

Lesen, Fotos ansehen, nachturnen ist anfangs lästig. Lesen Sie die Übungsbeschreibungen eines Programms gründlich durch, bevor Sie mit- oder nachturnen – vielleicht auch zweimal. Das Nachmachen fällt Ihnen so viel leichter, als wenn Sie einen Satz lesen, das Buch weglegen, nachmachen, Buch herholen, nächster Satz ... Richtig Spaß macht es, wenn Ihnen der Mann oder die Freundin oder sonst ein lieber Mensch die Beschreibungen vorliest.

Grundprogramm
für die Haltung

Gute Haltung macht schön. Gute Haltung ist aller Schönheit Anfang. Gute Haltung ist schön. Gute Haltung zaubert sofort Kilos weg. Gute Haltung hält die Gelenke jung.

Meine eigene Geschichte

Durch die Streckung und die Grunddehnung aller skeletthaltenden Muskeln wird die Silhouette harmonisch, ganz unabhängig vom Gewicht. Die Aufrichtung des Beckens und der Einsatz der Beckenbodenmuskulatur bei jeder, absolut jeder Übung formen und straffen die Oberschenkel und den Popo. Die perfekte Fußhaltung richtet Beckenboden und Beinachse, O- oder X-Beine werden gerade, voluminöse Waden verfeinern sich, die schlaffen Pölsterchen an den Innenseiten der Knie spannen sich, die Innenschenkelmuskulatur wird gestrafft.

Die Aufspannung des Rumpfes zaubert sofort Überhängebäuche und Taillenpolster weg. Auch die Polster am unteren Rücken haben keine Chance gegen die aufgerichtete Haltung. Entspannte Schultern mit schönen, geraden Schlüsselbeinen sind anmutig. Außerdem kann der Busen an einem aufgerichteten Brustkorb nicht hängen, denn die Aufrichtung »zwingt« die busenhaltenden Muskeln in die Aktivität. Über dem aufgerichteten Brustkorb kann der Kopf ganz leicht thronen, sich selber tragend (siehe auch »Faceforming – Das Anti-Faltenprogramm für Ihr Gesicht«, ebenfalls Südwest Verlag). Sind Brust- und Halswirbelsäule aufgespannt, kann das Kinn mühelos im rechten Winkel zum Hals stehen, das Doppelkinn hat keine Chance.

So ist es mir ergangen

Ich zeige Ihnen die Macht der Haltung an mir. Kurz meine Geschichte: Bis zu meinem 44. Lebensjahr hatte ich jeden Tag meines Lebens Schmerzen am Bewegungsapparat. Ursache war eine Wirbelsäulenverkrümmung, die festgestellt wurde, als ich 7 war und die sich stetig verschlimmerte: Schon mit 27 Jahren sollte ich das rechte Hüftgelenk und das rechte Kiefergelenk durch Implantate ersetzen lassen. Zwölf kieferchirurgische Operationen wurden gemacht, die Gelenke ließ ich nicht operieren. Logisch denken konnte ich schon immer: Wie sollte ich mit künstlichen Gelenken zurechtkommen, wenn ich es mit meinen eigenen nicht schaffte? Durch Zufälle – Sie wissen schon, jene Fügungen, die sich nicht wirklich erklären lassen, aber nur so und nicht anders sein konnten –, kam ich auf die Körperarbeit. Jetzt, mit 56, bin ich gerade, die arthrotischen Gelenke sind vollkommen heil, ich erwache jeden Morgen mit dem unbeschreiblichen Glück der Schmerzfreiheit.

Mein Körper war nie jung, war nie schön (außer dem Busen), ein Körper, der sich in Kindheit und Jugend nicht bewegen kann – was ich durchaus zweideutig meine –, kann nicht schön sein. Außerdem bin ich die Inkarnation der Prinzessin auf der Erbse, hyperempfindlich, hypersensibel – für die Arbeit, die ich heute mache, ist das ein großes Glück. Mein Körper kann in 1000 Haltungen schlüpfen und sofort die Gefühle und Schmerzen nachempfinden, die zu der entsprechenden Haltung gehören. Für ein spannendes Buchprojekt (»Embodiment«, Hans Huber Verlag, Bern) mit Maja Storch, Dr. phil. am Institut für Pädagogik an der Universität Zürich, Wolfgang Tschacher, Professor für Psychologie an der Universität Bern, und Gerald Hüther, Professor für Neurobiologie an der Universität Göttingen, habe ich ein Experiment mit unterschiedlichen Körperhaltungen durchgeführt. Ich zeige Ihnen hier drei Bilder aus der Serie. Bild 1

ist meine normale Alltagshaltung, aufgespannt, leicht, reaktionsbereit. Für Bild 2 zog ich die Schultern hoch, eine Haltung, die Sie im Supermarkt, an der Bushaltestelle, in der Warteschlange täglich beobachten können. Schauen Sie mal etwas genauer hin: Das Becken kippt, der Bauch steht vor, der Busen sackt ab, das Doppelkinn setzt sich in Szene. Für Bild 3 ließ ich die Schultern hängen, gab mich der depressiven Stimmung hin, die sich sofort einstellte.

Die Originale sind in Farbe, die Wärme-Energieverteilung an der Hautoberfläche kann durch die Infrarot-Thermophotografie nach Berz/Sauer (www.hsauer.de) gezeigt werden. Hier möchte ich Sie mit den Farben nicht von meiner Aussage ablen-

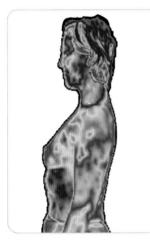  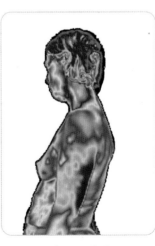

Meine Normalhaltung: auf-
gespannt in der natürlichen
Grunddehnung.

Hochgezogene Schultern:
der Körper wirkt kurz und
gedrungen.

Eingesunkene Schultern:
Kinn, Busen und Bauch
hängen.

ken: Haltung ist machbar. Also ist auch Schönheit machbar. Gute Haltung schenkt Ihnen Ausstrahlung und Energie. Gute Haltung ist in jedem Alter machbar. Gewicht und Größe spielen keine Rolle.

Körperhaltung und Falten

Selbst die Faltenbildung im Gesicht hat viel mit der Körpergesamthaltung zu tun. Starke Nasolabialfalten gehen praktisch immer mit Doppelkinn, runden Schultern, Rundrücken und verkürzten Zwischenrippenmuskeln an der Vorderseite einher. Die steile Zornesfalte an der Nasenwurzel verschwindet oft wie von Zauberhand, wenn Becken und Brustkorb wie zwei Hälften einer Kugel übereinander stehen. Auch Hängebäckchen werden durch Aufspannung des Körpers gestrafft: Die »fliegenden« Mimikmuskeln ziehen nicht mehr schwer nach unten, sondern werden durch die Aufspannung wieder gestrafft und nach hinten oben gezurrt.

Das Glück der guten Haltung

Gute Haltung ist ein Jungbrunnen für die Gelenke: Die Aufspannung schafft Raum zwischen den Gelenkteilen, auch zwischen den Wirbelkörpern. Die aktive Skelettmuskulatur nährt die Knochen und schützt sie vor Osteoporose. Und gute Haltung macht glücklich. Sehen Sie sich die drei Fotos

noch mal an: Es ist unmöglich, in der Aufrichtung von Bild 1 deprimiert und in Haltung 3 glücklich zu sein. Im Alltag kennen wir das alle, wenn wir glücklich sind, lachen wir, es strahlen die Augen, es lächelt der Mund. Wir fühlen uns groß und leicht. Bei Trauer hängen die Mundwinkel, die Augen sind tränenfeucht oder stumpf, die Haut matt und blass. Was im Gesicht mit der Mimikmuskulatur geschieht, geschieht auch mit dem Körper, mit der »Körpermimik«. Erstarrt der Körper in einer Haltung, schrumpft seine Sprache, verlernt er mit der Zeit seine Möglichkeiten.

Die Grundhaltung, die meiner Methode zu Grunde liegt, ist »positiv neutral«. Eine Haltung, die keine Reibung von Gelenkknochen verursacht, die keinen Muskel überdehnt, keinen Muskel verkürzt. Aus dieser Haltung können Sie alle Stimmungen und Gefühle körperlich zeigen, Sie können Ihrer Freude Ausdruck geben, Ihrer Trauer, Ihrer Wut, Ihrer Überraschung, Ihrer Müdigkeit, und wenn das Gefühl seinen Ausdruck gefunden hat, finden Sie, findet Ihr Körper wieder in die »energieneutrale« Grundhaltung zurück. Dafür haben Sie die beste Lehrerin, den besten Lehrer im Haus: Ihr Kind. Es kann in fünf Minuten ganze Gefühlswelten durchleben, traurig sein, mit hängendem Kopf, der ganze Körper ist betrübt. Innerhalb von Sekunden kann Ihr Trost Lachen, Spannkraft und Freude auslösen. Wie die elf

Monate alte Saya, die auf den Fotos mit Mutter Simone strahlt: In einer Minute leuchtet sie vor Freude, in der nächsten zeigt sie Unlust, in eine Pose gedrängt zu werden, drei Minuten später ist sie müde.

Prinzip von Zug und Gegenzug

Die Aufspannung erreichen Sie ganz einfach über das Prinzip von Zug und Gegenzug. Die Muskulatur des menschlichen Körpers basiert – wie das aller Wirbel-Säugetiere – auf dieser genialen Grundlage. Beispiel: Jedes Mal, wenn Sie den Kronenpunkt nach oben dehnen und das Steißbein samt Schambein nach unten, dehnt sich der Trapezius, ein dominanter, großer Rückenmuskel, in zwei Richtungen – und verdoppelt so seine Kraft. An der Schädelbasis wird er nach oben gedehnt, mitten am Rücken zieht das andere Ende nach unten. Das gleiche passiert mit dem Pyramidalis: Das Schambein dehnt sich nach unten, der Bauchnabel macht sich lang Richtung Brustbein. Schon ist der Pyramidalis strammgezogen. Diese Grunddehnung, Grundspannung erreichen Sie auch im Levator Ani durch Zug-Gegenzug. Die Sitzbeinhöcker ziehen nach unten, das Becken richtet sich auf, Sie dehnen die Spannung am Rücken bis zum Kreuzbein aus, am Bauch durch den Pyramidalis bis zum Brustbein. Schon haben Sie die Ausdehnung des Levator Ani vergrößert.

»Das ist doch schrecklich anstrengend«, werfen Sie jetzt vielleicht ein. Ja, aber nur die ersten paar Tage. Nur bis sich die chronisch verkürzten Muskeln daran gewöhnen, dass sie sich zu ihrer vollen Länge ausdehnen dürfen. Und wenn Sie ganz ehrlich sind: Anstrengender als Ihr Rundrücken oder Ihr Flachrücken oder Ihre X-Beine kann die artgerechte Haltung doch gar nicht sein.

Sobald die Aufspannung zur Gewohnheit wird, werden Sie entdecken, spüren, bemerken, dass Sie sich in dieser Aufspannung entspannen können, dass Aufspannung und Entspannung keine Gegensätze sind, sondern dass sie sich bedingen. Die Aufspannung wird erst durch Entspannung leicht, die Entspannung wird durch die Aufspannung erst angenehm. Das Ziel des Trainings in diesem Buch ist Leichtigkeit.

Beckenübungen während der Wehen

Evamaria, 29, zwei Kinder, lebt in Luzern, CH: »Wilde Wehen plagten mich einen Monat vor der Geburt meines ersten Kindes. Mein Körper war schwach, der Rücken schmerzte. Trotz einer schönen Wassergeburt erholte er sich nur langsam, die Schwäche blieb. Ich fing bei Andrea Tresch in Luzern an, mit der CANTIENICA®-Methode zu trainieren. Die Übungen überzeugten mich, ich lernte meinen Körper wieder neu kennen, lieben und achten. Während meiner zweiten Schwangerschaft trainierte ich bis zum Geburtstermin und erlebte meine zweite Wassergeburt viel intensiver, im Einklang mit meinem Körper, unter Anwendung sanfter Übungen auch während den Wehen. Die Ärzte waren erstaunt, wie schnell meine Gebärmutter wieder an ihrer Stelle war. Da es mir so gut ging und ich mit meinen bei-

den Kindern so beschäftigt war, verdrängte ich die Übungen aus meinem Tagesprogramm. Prompt kam der Rückschlag: ein Hexenschuss. Unter starken Schmerzen begann ich sorgfältig wieder mit C-Übungen und erholte mich erstaunlich rasch. Mit der CANTIENICA®-Rückbildungsmethode erhielt ich meine Leichtigkeit, Vitalität und Stabilität im Rücken zurück!«

Bitte nicht drücken!

Haben sich Organe bei Ihnen bereits gesenkt? Blase? Gebärmutter?

Beide? Dann muss ich hier ein delikates Thema ansprechen: Achten Sie darauf, wie Sie sich auf der Toilette bei kleinen und großen Geschäften halten. Blase und Darm funktionieren am Besten, wenn Ihre Haltung aufgespannt ist.

Extrem ungesund ist es, wenn Sie den Rücken rund und bucklig machen und drücken, bis der Kopf rot anläuft. In dieser Haltung drücken Sie sich die Organe buchstäblich selber und absichtlich unten raus und schwächen sie im Laufe der Lebensjahre nachhaltig. Das schwächt auch den Levator Ani. Den Ischiasnerv können Sie sich dabei auch einklemmen – oder sich einen Bandscheibenschaden holen.

Was machen Sie, wenn Sie auf einer Wanderung mal müssen und weit und breit keine Toilette ist? Unterdrücken? Das ist sehr ungesund. Hinter einem Baum in die Hocke gehen, Becken tiefer als die Knie und der Rücken ist ganz gerade? Das ist die

ursprünglichste und für den Körper beste Haltung. Zuhause ganz einfach zu simulieren: Füße auf einen Schemel, damit die Knie höher sind als das Becken. Wenn Sie chronisch verstopft sind, probieren Sie den einfachen Trick aus. Sind die Knie höher als das Becken, wird der Levator Ani zu einer Art Rutschbahn für den Darminhalt. Auch die Blase kann sich sehr viel leichter entleeren, wenn sie nicht geknickt wird, sondern sich ausdehnen kann und durch die Aufspannung des Rumpfes durch die umliegende Muskulatur massiert wird.

Ohne Schemel ist es hilfreich, ein Knie eng zur Brust zu ziehen und gleichzeitig die Sitzbeinhöcker lang zu ziehen, diese Haltung entlastet den Darm ebenfalls und erleichtert die Entspannung der Schließmuskeln.

Auf Reisen in Ländern, in denen die Toiletten extrem hoch sind (zum Beispiel auf deutschen Bahnhöfen), können Sie den Toilettenrand mit Papier/Zeitungen abdecken und – draufstehen, in die Hocke gehen.

Haltung, Rücken, Tiefenmuskulatur

Eine alte Frau von 29

Marlies ist 29 Jahre alt, Graphikerin, brünett und hager-schlank. »Nach der Geburt meines zweiten Kindes fühlte ich mich wie eine alte Frau,« berichtet sie, »gebeugt und verspannt«. Die herkömmliche Rückbildung hatte Marlies diszipliniert absolviert, »aber es brachte nichts, im Gegenteil, ich wurde immer buckliger.« Eine Freundin empfahl ihr das CANTIENICA®-Studio von Karin Altpeter-Weiß in Karlsruhe, »Schon nach der ersten Lektion verspürte ich ein angenehmes Gefühl von Aufrichtung. Das war es, was ich gesucht hatte: Ein Training, das sofort Resultate zeigt, bei dem ich sofort spürte, dass sich meine Haltung verändert.«

Das Vokabular sei anfangs ungewohnt, ganz anders als in der normalen Rückbildungsgymnastik, »ich hatte das Gefühl, mehr mit der Einbildung zu arbeiten, mit der Vorstellung. Die Knochen und die Muskeln folgten dieser Vorstellung, und ich verstand, was gemeint ist, wenn es heißt, dieses Training wirke von innen nach außen.« Marlies achtet im Alltag auf ihre Haltung, sie trägt ihre Kinder mittlerweile so, dass es ihrem Becken und ihrem Rücken nicht

schadet, sondern, im Gegenteil, ein aktives Training ist. »Ich habe schnell gelernt, wie ich Verspannungen vorbeuge und, sollten sie sich doch einstellen, diese mit gezielten, einfach Übungen sofort auflösen kann.«

Für ein angenehmes Training

Richten Sie sich eine feste und vor allem hübsche Ecke für Ihr Training ein. Im Schlaf- oder im Kinderzimmer, auf alle Fälle so, dass Sie nicht jedes Mal einen komplizierten Umbau machen müssen, bevor Sie trainieren können.

Kaufen Sie sich eine schöne Matte oder Decke. Ich arbeite am liebsten auf einem Mini-Futon oder einer weichen Yogamatte, die ich je nach Bedarf falten und rollen kann. Dazu ein Meditationskissen als Unterstützung für Übungen im Schneidersitz. Hübsche kleine Hocker gibt es für wenig Geld in vielen Einrichtungsgeschäften.

Ist Ihr privates kleines Gym jederzeit bereit, können Sie die Übungen in kleine Gruppen unterteilen und immer dann trainieren, wenn Ihr Kind spielt oder schläft.

Zuhause können Sie barfuß trainieren, wenn Sie mögen. Bevorzugen Sie Socken, investieren Sie bitte in rutschfeste, damit Sie einen guten Stand haben. Sportschuhe,

Das wird trainiert

Jede CANTIENICA®-Übung trainiert

▶ die aufrechte Haltung

▶ die Beckenbodenmuskulatur, und zwar alle Schichten

▶ insbesondere den Levator Ani

▶ die gesamte Beckenmuskulatur

▶ die Beweglichkeit des Beckens

▶ die Aufspannung der Wirbelsäule

▶ die autochthone Rückenmuskulatur

▶ die vernetzte Rumpfmuskulatur

▶ die natürlich verschraubte Haltung der Beine und Arme

▶ alle Gelenke

▶ die Haltung der Schultern und des Kopfes

Sneakers, sind nicht geeignet. Sie spüren die Haltung Ihrer Füße nicht, die meisten Trainingsschuhe zwingen Sie heutzutage in ein Fußbett, das Ihren Füßen die Arbeit abnehmen soll. Mit dem Effekt, dass die kostbaren Muskeln an den Füßen verkümmern.

Bequeme Kleidung ist selbstverständlich, achten Sie vor allem auf locker sitzende Hosen. Nein, Stretch-Jeans sind nicht geeignet, oft zwängen sie das Becken in eine gequetschte und gekippte Haltung. Jogginghosen, Leggings, Yoga-Hosen, alles, was nicht einengt. Viele Schwangerschaftshosen und T-Shirts lassen sich zum Trainieren austragen.

Mit Musik üben

Ob Sie mit Musik trainieren oder nicht, ist reine Geschmackssache. Für viele Menschen ist die Musik eine Konzentrationshilfe, andere empfinden schon Meditationsmusik als störend. Probieren Sie es aus. Sie müssen sich wohl fühlen. Auch die Art der Musik ist sehr unterschiedlich. Wir benutzen in den Studios rhythmische Musik jeder Richtung, klassische Klavierstücke, instrumentale Folkmusik, melodische Entspannungsmusik. Yanni, Enya, Deuter, Back to Earth, Buddha Bar sind bei den CANTIENICA®-Instruktoren beliebt. Trainieren Sie allein, können auch Trommeln und Opern prächtige Begleiter sein. Jede Musik, die Sie unterstützt, die Ihnen hilft, konzentriert bei der Sache zu bleiben, Ihren Körper intensiv zu spüren, ist geeignet. Sie werden es sofort merken, wenn Sie die Musik zu sehr ablenkt.

Am besten gleich am Morgen

Am meisten Effekt haben Sie, wenn Sie gleich nach dem Aufstehen, nüchtern trainieren. So kurbelt das Workout auch die körpereigene Produktion von Wachstumshormonen an, der Stoffwechsel bekommt einen Kickstart. Leichter gesagt als getan, wenn Sie stillen oder wenn Sie Ihr Baby morgens um 5 Uhr weckt. Ich möchte Sie einfach ermutigen: Finden Sie heraus, was Ihnen gut tut und richten Sie es sich so gut wie möglich ein. Sie sind ein Morgenmuffel? Probieren Sie trotzdem mal aus, es kann gut sein, dass Sie wunderbar entspannt trainieren und genau aufgrund Ihrer muffeligen Morgenstimmung für die CANTIENICA®-Übungen in der besten Verfassung sind.

Manche Menschen sind am frühen Nachmittag in physischer Hochform, wenn die anderen am liebsten am Pult einschlafen. Vor dem Abendessen oder zwei Stunden danach sind ebenfalls gute Zeiten fürs Workout. Ungünstig ist das Training unmittelbar vor dem Schlafengehen. Die meisten Menschen werden angeregt und hellwach. Ausnahmen gibt es auch hier ... wir sind nun mal verschieden.

Entspannte kleine Übungen in Rückenlage können Sie selbstverständlich im Bett vor dem Einschlafen machen oder statt Schafe zählen, wenn Sie mal wach liegen.

Ich empfehle, einen klein aufgeblasenen Ballon unter den Kopf und einen größer aufgeblasenen zwischen die Knie zu legen, weil beides die perfekte, entspannte Grundhaltung unterstützt (siehe Übungsanleitungen). Bitte verstauen Sie die Ballons sicher, damit Ihr Kind nicht damit spielen kann, falls es im »gefährlichen« Alter ist. Sind Ihnen Ballons zu gefährlich, können Sie einen Jonglierball unter den Kopf legen und die Knie freiwillig hüftweit auseinander halten.

Die Körpersprache lernen

Angela ist 35 Jahre alt und über 180 cm groß. Ihre Wirbelsäule hat sich verkrümmt, als Folge plagen sie seit vielen Jahren wiederkehrende Rückenschmerzen, besonders am Kreuzbeingelenk der schief stehenden Beckenseite. Angela bekam ihre beiden Kinder in kurzem Abstand, »durch das viele und anatomisch vermutlich falsche Tragen der Kinder wurde ich Stammgast beim Orthopäden und beim Physiotherapeuten. Die passiven Behandlungen entlasteten mich kurzfristig. Wirklich besser wurde es nicht.« Angela trainiert regelmäßig bei Karin Altpeter-Weiß in Karlsruhe mit der CANTIENICA®-Methode, »endlich sagt mir jemand, wie ich die Kinder den Rücken schonend heben und tragen kann, wie ich mich überhaupt im Alltag anders bewegen kann.« Durch das Vernetzen der gesamten Becken- mit der Rückenmuskulatur hat sich das Kreuzbeingelenk stabilisiert, »es kommt noch zu Rückfällen, aber der Rücken fühlt sich eindeutig leichter und aufgespannter an«, so Angela, »ich weiß, ich bin auf dem richtigen Weg.«

Grundspannung muss sein

Das wird trainiert

▶ **Stabilität und Beweglichkeit des Beckens**
▶ **Vernetzung der Beckenmuskulatur**
▶ **Kräftigung der Beckenbodenmuskulatur**
▶ **Heimholen der Organe**
▶ **Aufspannung der Wirbelsäule**
▶ **Grunddehnung aller Muskeln**

So wird's gemacht

Schritt 1

Legen Sie sich auf eine Gymnastikmatte oder auf eine gefaltete Decke. Beine anwinkeln. Die Füße bilden ein leichtes V, Fersen stehen etwas näher als die Zehen. So hat auch Ihr Becken die ideale V-Form, unten schmal, oben weit. Steißbein und Schambein Richtung Fersen ziehen, den Kronenpunkt in die Gegenrichtung, bis Ihr Becken aufgerichtet ist.

Schritt 2

Die linke Ferse aufsetzen und nach vorne schieben, bis das linke Bein vollkommen gestreckt ist. Dann die rechte Ferse aufsetzen, das rechte Bein ausstrecken. Füße sind entspannt flex.

Schritt 3

Hände falten und ausdrehen, die Arme über dem Kopf ausstrecken. Mit gestreckten Armen die Schultern nach außen unten setzen und gleichzeitig die Fersen lang schieben. Der Abstand zwischen Arm und Ohr wird spürbar und sichtbar größer. Sie

Bild A

Bild B

Bild C

spüren eine angenehme Dehnung im gesamten Rücken. Unterstützende Atmung:
Durch die Fersen einatmen, Atem durch
die Beine, das Becken, die Wirbelsäule
nach oben ziehen, durch den Kronenpunkt
ausatmen. Beim Ausatmen 3 cm wachsen.
(Bild A)

Schritt 4

Fußsohlen aneinander legen, die Zehen,
die Fußaußenseiten und die Fersen berühren sich. Die aneinander liegenden Fersen
ca. 5 cm vom Boden anheben. Die Zehen
berühren den Boden. (Bild B) Fällt es Ihnen schwer, die Fersen anzuheben: einen
wenig aufgeblasenen Ballon unterlegen.
(Bild C Detail)

Schritt 5

Die Fersen kräftig zusammenpressen. Das
aktiviert Ihren Levator Ani: Die innerste
Schicht des Beckenbodens spannt sich an
und zieht die Sitzbeinhöcker näher zum
Damm. Nehmen Sie diese Bewegung auf,
intensivieren Sie die Spannung im Beckenboden durch Zusammenpressen der Fersen. 30 Mal. Entspannen.

Varianten

▶ Fällt es Ihnen schwer, Arme gestreckt
und Schultern gesenkt zu halten, können
Sie die Arme seitlich anwinkeln. Die Aufspannung der Wirbelsäule beibehalten!
▶ Fehlt die Beweglichkeit in den Hüften,
können Sie die Oberschenkel mit Kissen
oder Ballonen unterlegen.

So fühlt es sich an

In der perfekten Grundhaltung des Beckens
in Rückenlage mit angewinkelten Beinen
sind die Leisten entspannt. Wird das Becken gekippt, womöglich kombiniert mit
Spannung in den Gesäß- oder Bauchmuskeln, so verkürzt oder überspannt sich sofort der Hüftbeugemuskel (Psoas). Beides
ist zu spüren an der gespannten Sehne am
Übergang vom Oberschenkel zum Bauch.

Nutzen im Alltag

▶ Aufgespanntsein, mehr Energie,
mehr Kraft und Ausdauer

▶ Stabilität beim Stehen, Sitzen, Gehen

▶ Ausstrahlung

▶ Mehr Lust auf Sex

Die Organe liften

Das wird trainiert

▶ Beckenbodenmuskulatur: Levator Ani und mittlere Schicht
▶ Vernetzen und Anheben der gesamten Beckenmuskulatur
▶ Beweglichkeit des Beckens
▶ Entlastung der Kreuzbein- und Hüftgelenke
▶ Dehnung der Wirbelsäule
▶ Entspannung in Aktion
▶ Po, Oberschenkel

So wird's gemacht

Schritt 1

Rückenlage. Beine angewinkelt. Füße, Knie hüftbreit. Den Kopf so unterlegen, dass die Halswirbelsäule genau in der Verlängerung des Rückens verläuft. Ideal ist ein kleiner Luftballon. Achtung: er kommt unter dem Schädel zu liegen, nicht unter dem Hals! Atmen Sie am linken Sitzbeinhöcker ein und an der rechten Schulter aus. Am rechten Sitzbeinhöcker ein- und an der linken Schulter ausatmen. Drei Mal im Wechsel. Wachsen Sie bei jedem Ausatmen noch ein wenig in die Länge. (Bild A)

Schritt 2

Ziehen Sie die Sitzbeinhöcker zuerst Richtung Boden, um die Gelenke des Beckens zu öffnen. Als nächstes dehnen Sie die Sitzbeinhöcker Richtung Kniekehlen. Behutsam lösen sich erst das Steißbein, dann dass Kreuzbein und vielleicht ein bis zwei Lendenwirbel vom Boden. Der Bauch ist dadurch vollkommen entspannt, so dass er eine Wanne bildet. (Bild B)

Bild A

Schritt 3

Wenn sich der untere Rücken gedehnt, entspannt und entlastet anfühlt, halten Sie das Becken auf dieser Höhe und pulsieren mit dem Beckenboden, indem Sie die Sitzbeinhöcker mehr zu den Kniekehlen ziehen, mehr, noch mehr. Dehnen Sie den Zug, den Sie an der Basis des Gesäßes spüren, bis zum Kreuzbein hoch aus – stellen Sie sich die Verbindung zuerst vor, die Muskeln folgen dieser Vorstellung. 30 Mal.

Schritt 4

Fühlen Sie sich wohl in der Position, können Sie direkt weitermachen. Bei Ermüdung behutsam zurück in die Ausgangslage und die Stellung neu aufbauen. Ziehen Sie den rechten Sitzbeinhöcker zur rechten Kniekehle, dann den linken zur linken Kniekehle, gleichmäßig im Wechsel, bis aus der klitzekleinen Bewegung eine rhythmische, runde Rotation der Beckenhälften wird.

Nutzen im Alltag

Die Gelenke des Beckens werden geschmeidig und reaktionsschnell. Sie beugen dem Entstehen eines Beckenschiefstands vor, wenn Sie Ihr Kind mal auf der linken, mal auf der rechten Hüfte tragen. »Das Kreuz« wird entlastet.

So fühlt es sich an

Ein sehr intensives Gefühl um die Sitzbeinhöcker herum, das sich am hinteren Oberschenkel bis zu den Knien fortsetzt. Die Po-Muskeln sind ganz entspannt, tief darunter spüren Sie die sich vernetzenden Hüft- und Beckenmuskeln. Der Bauch muss vollkommen entspannt einsinken. Rippen entspannen. Der Rücken schwebt, er ist an keiner Stelle in die Unterlage gedrückt, sondern fühlt sich lang und leicht an. Bei O- und X-Beinen hilft ein Ballon zwischen den Knien, die Beine entspannt »auf Achse« zu halten.

Bild B

Kernkraft für Becken und Beine

Das wird trainiert

▶ **Kettenreaktion Füße/Beckenboden**
▶ **Vernetzung der gesamten Muskulatur des Beckens, der Hüften, der Beine**
▶ **Reaktionsfähigkeit**
▶ **Körperwahrnehmung**
▶ **Straffheit für Hüften, Oberschenkel, Po**

So wird's gemacht

Schritt 1

Rückenlage wie in Übung 2, Füße hüftweit, leicht V-förmig. Arme seitlich angewinkelt. Becken so aufrichten, dass es nicht nach hinten oder vorne kippt, Leisten sind weich. Wirbelsäule aufspannen: Scham- und Steißbein Richtung Fersen, den Kronenpunkt in die Gegenrichtung dehnen. Aufspannung

durch die Atmung »sichern«: Einatmen am linken Sitzbeinhöcker, ausatmen an der rechten Schulter. Einatmen am rechten Sitzbeinhöcker, ausatmen an der linken Schulter.

Schritt 2

Das linke Knie zur Brust ziehen. Achtung: Das Becken muss stabil bleiben und darf nicht ausweichen. Stellen Sie sich vor, Sie ziehen den linken Sitzbeinhöcker nach unten und das Knie gleichzeitig vom Körper weg. Wenn nötig, können Sie den linken Oberschenkel mit den Händen umfassen. Schultern dafür bitte nicht hochziehen.

Schritt 3

Rechte Ferse aufsetzen, nach vorne schieben, bis zwischen Knie und Boden noch etwa 20 cm Abstand sind. Bauchnabel zum Brustbein ziehen, ohne das Becken zu be-

Bild A

Bild B

wegen. Ferse senkrecht in den Boden schieben, mit kleinem, präzisem Druck, lösen, wieder in den Boden schieben. Das aktiviert die rechte Hälfte der innersten Beckenbodenschicht (Levator Ani), ähnlich, wie Sie es aus Übung 2 kennen. 20 Mal. (Bild A)

Schritt 4

Steigerung: Ferse auf einen Ballon legen und mit dem Pulsieren gleichzeitig das Bein behutsam in winzigen Schritten seitlich ausdrehen und wieder zurück in die Ausgangslage. (Bild B)

Schritt 5

Zurück in die Grundposition. Sitzbeinhöcker näher zusammenziehen, während Sie einatmen, die Beckenschaufeln weit machen und ausatmen. Drei Mal. Seite wechseln, Position sorgfältig aufbauen.

So fühlt es sich an

Sie spüren, wie die symmetrisch angelegten Seiten des Levator Ani unabhängig voneinander arbeiten. Falls Ihr Levator bei der Geburt durch einen Dammriss verletzt wurde, ist es möglich, dass der Pudendus-Nerv seine volle Leitfähigkeit nicht hat. In diesem Fall können Sie mit der Hand nachfühlen, entweder seitlich auf das Hüftgelenk legen oder direkt an den Sitzbeinhöcker.

Nutzen im Alltag

Ihr Körper lernt wieder, was ihm in jungen Jahren selbstverständlich war: Wie alles mit allem vernetzt ist, wie die Muskulatur des Beckenbodens mit den Bein- und den Fußmuskeln zusammenarbeitet.

Biegsamkeit für den Rücken

Das wird trainiert

▶ Vernetzung der Becken-, Rücken-, Bauch-muskulatur
▶ Aufspannung der Wirbelsäule
▶ Autochthone Rücken-Feinmuskulatur
▶ Schlanke Taille
▶ Entspannte Schultern

So wird's gemacht

Schritt 1

Vierfüßlerstand. Knie genau unter den Hüftgelenken, Hände exakt unter den Schultern. Fingerspitzen zeigen zueinander, die Hand ist leicht hohl. So bleiben die Handgelenke entlastet und die Ellbogen leicht gebeugt. Schultern nach außen unten. (Bild A)

Schritt 2

Scham- und Steißbein nach hinten, Kronenpunkt nach vorne dehnen, bis die Wirbelsäule ganz ausgezogen ist. Bauchnabel Richtung Brustbein ziehen, um den Pyramidalis-Muskel zu aktivieren. Achtung: Rücken nicht flach drücken, nur lang ziehen. Stabilisieren Sie den Torso durch Diagonalatmung: Am linken Sitzbeinhöcker einatmen, durch den Körper zur rechten Schulter und ausatmen. Beim Ausatmen drehen Sie die Muskeln des Oberarmes leicht aus, ohne etwas an Ihrer Position zu

Bild A

Bild B

verändern. Vom rechten Sitzbeinhöcker zur linken Schulter. Abwechselnd je mindestens drei Mal, besser zehn Mal. (Bild B)

Schritt 3

Ziehen Sie den Kronenpunkt nach vorne unten, gleichzeitig das Steißbein nach hinten unten und die Sitzbeinhöcker zu den Kniekehlen, und heben Sie die Brustwirbelsäule an. Ja, das läuft auf einen Katzenbuckel hinaus, aber auf einen, der den Namen verdient: lang, gedehnt, wunderbar entspannt. Kronenpunkt zieht nach vorne, Steißbein und Schambein dehnen in die Gegenrichtung, zurück in die Ausgangslage. Das Tempo ist etwa so, wie Sie langsam einundzwanzig sagen, also nicht extrem langsam und nicht schusselig schnell. Zehn Mal wiederholen.

So fühlt es sich an

Biegsam, leicht, die Wirbelsäule verlängernd. Eine bestehende Einseitigkeit der Rückenmuskeln löst sich auf. Der Hals ist lang und frei, der Brustkorb fühlt sich weit und offen an. Fehlt Ihnen noch die Kraft in den Armen: Auf die Fersen setzen, entspannen, neu aufbauen.

Nutzen im Alltag

Die Diagonalatmung verbessert Koordination und Gleichgewicht und hält die Erinnerung an den Kreuzgang in den Zellen lebendig. Wenn Sie sich strecken, um etwas aus dem obersten Regal zu holen, schützt und stützt Sie die gelernte Aufspannung vor Hexenschüssen und anderen unliebsamen Verrenkungen.

Da machen alle Muskeln mit

Das wird trainiert

▶ Teamwork für Becken, Rücken, Brustkorb
▶ Autochthone Rückenmuskulatur
▶ Stabilität der Lendenwirbel
▶ Biegsamkeit der Brustwirbel
▶ Straffheit für Innenschenkel, Bauch, Arme
▶ Wirkt Wunder bei verkrümmter Wirbelsäule und Rundrücken

So wird's gemacht

Schritt 1

Gehen Sie in den Vierfüßlerstand. Nehmen Sie die Knie auseinander, so weit es geht. Den Unterschenkel können Sie anwinkeln, ganz wie es Ihnen bequem ist. Dann die Sitzbeinhöcker kräftig nach hinten dehnen und leicht zusammenziehen, das bewirkt die anatomisch sinnvolle Außenrotation

Nutzen im Alltag

Diese Übung schützt vor Einseitigkeit in den Schultern und im Rücken. Ihre Arme besitzen echte Muskelkraft, die ganz ohne jegliche Verkrampfung der Schultern auskommt. Gleichzeitig wird das Becken vor Schiefstand geschützt.

der Oberschenkelmuskulatur und entlastet die Knie. Die Knie liegen auf einer Linie mit den Hüftgelenken. Die Hände liegen exakt unter den Schultern, Fingerspitzen nach innen gerichtet, Handflächen bilden kleine Höhlen. Die Ellbogen sind gebeugt und zeigen zur Seite. Der Kopf steht in der natürlichen Verlängerung der Wirbelsäule. (Bild A)

Schritt 2

Scham- und Steißbein nach hinten, den Kronenpunkt nach vorne und den Bauchnabel zum Brustbein dehnen, das gibt dem Körper Halt und Stabilität. Durch den linken Sitzbeinhöcker ein- und durch die rechte Schulter wieder ausatmen. Dann durch den rechten Sitzbeinhöcker ein- und durch die linke Schulter ausatmen. Jeweils drei Mal.

Schritt 3

Den Oberkörper absenken, bis die Nasenspitze beinahe den Boden berührt, indem Sie die Ellbogen auseinander ziehen. Nun den Oberkörper ein paar wenige Zentimeter heben und senken. Beim Anheben aktivieren Sie den Levator Ani (durch Zusammenziehen der Sitzbeinhöcker), beim Absenken lösen Sie die Spannung wieder. Zehn Mal, dann auf 20 Mal steigern. (Bild B)

Schritt 4

Zum Dehnen die Sitzbeinhöcker zu den Fersen ziehen. Strecken Sie dazu die Arme durch, und stoßen Sie mit den Handwurzeln den Körper noch weiter zurück.

Schritt 5

Wieder aufspannen mit der Diagonalatmung und den Torso absenken. Nun lediglich den linken Arm durchstrecken – der Kopf folgt automatisch und dreht sich zur linken Schulter. Dann den linken Arm wieder biegen, den rechten Arm durchstrecken, Kopf nach rechts. Abwechselnd links rechts, insgesamt zehn Mal.

Bild A

So fühlt es sich an

Je mehr Sie die Schultern nach außen unten absenken, desto mehr übernimmt die vernetzte Rückenmuskulatur die Arbeit. Die isolierten Arme können unter Umständen leicht zittern und vibrieren. Das ist ein gutes Zeichen dafür, dass Sie Muskeln arbeiten lassen, die vorher brachlagen.

Bild B

Schaltstelle Becken

Das wird trainiert

- ▶ **Kraft in der Beckenmuskulatur**
- ▶ **Vernetzung Becken, Hüften, Oberschenkel, Rücken und Bauch**
- ▶ **Formung und Anhebung des Popos**
- ▶ **Straffung der Oberschenkel**
- ▶ **Aufrichtung, Tonus im Rücken**

So wird's gemacht

Schritt 1

Gehen Sie in den Fersensitz. Versuchen Sie bitte, die Füße möglichst ausgerichtet zu halten, die Fersen näher als die Zehen. Ziehen Sie das Gesäß kurz und kräftig nach hinten, um die Knie vom Gewicht zu entlasten. Wirbelsäule aufspannen: Dabei zieht der Kronenpunkt nach oben, Steißbein und Schambein fließen nach unten. Bauchnabel zum Brustbein hoch ziehen. Drei Mal diagonal atmen: am rechten Sitzbeinhöcker einatmen, an der linken Schulter ausatmen. Dann am linken Sitzbeinhöcker ein-, an der rechten Schulter ausatmen. Diese Stabilität für die eigentliche Übung beibehalten.

Schritt 2

Die Hände verschränken und ausdrehen. Arme über dem Kopf ausstrecken, genau neben den Ohren. In einer forschen, wenn auch kleinen Bewegung die Schultern nach außen unten setzen und den Kronenpunkt gleichzeitig nach oben dehnen. Hände lösen und so miteinander verschränken, dass der jeweils andere Daumen außen zum Liegen kommt. Dann die Arme strecken und noch einmal die Schultern nach außen unten setzen.

Bild A

Schritt 3

Das Gesäß von den Fersen heben. Oberkörper leicht vorbeugen. Nun mit der Beckenbodenmuskulatur den Rumpf heben und senken: Beim Anheben die Sitzbeinhöcker anziehen, beim Absenken lösen, wieder anziehen zum Anheben. Das Becken bleibt dabei vollkommen aufgerichtet. Zehn Mal, auf 20 Mal steigern. (Bild A)

Nutzen im Alltag

Der untere Rücken lernt die Idealhaltung beim Bücken, Aufheben, Treppensteigen. Die Entlastung der vorderen Oberschenkelmuskulatur hilft auch beim Gehen, Stehen, Laufen, Joggen. Sie werden nicht mehr müde, weil die Bewegungen sich gleichmäßig auf viele Muskeln verteilen und nicht mehr punktuell einzelne Muskeln überlasten.

Schritt 4

Im Fersensitz kurz entspannen, Arme vor den Schultern verschränken. Die Sitzbeinhöcker zueinander ziehen, Oberkörper senkrecht anheben, Sitzbeinhöcker nicht ganz lösen, absenken, anspannen und anheben. Zehn Mal, auf 20 Mal steigern. Achtung: Je mehr Sie mit dem Levator Ani arbeiten, umso kleiner wird die Auf- und Abbewegung, und umso weniger müssen die vorderen Oberschenkel mitmachen. (Bild B)

So fühlt es sich an

Anfangs einfach nur anstrengend, ab dem dritten Mal powervoll. Sie spüren die ganze Kraft der Beckenbodenmuskulatur. Und den Nutzen: Die Arbeit der Muskulatur verteilt sich rundherum am ganzen Bein. Die vorderen Oberschenkel werden gedehnt.

Bild B

Den Torso aufspannen

Das wird trainiert

▶ Kraft und Stabilität in Beckenboden und Bauch

▶ Bewusstsein für den Pyramidalismuskel

▶ Dehnung von Kreuzbein und Steißbein und aller umliegenden Muskeln

▶ Stabilität und Beweglichkeit der Wirbelsäule

▶ Kraft für den Rücken

▶ Wirkt Rundrücken und Schulterbeschwerden entgegen

So wird's gemacht

Schritt 1

Direkt aus Übung 6 in den Kniestand. Wenn nötig, die Knie etwas weiter als hüftbreit öffnen. Arme locker vor dem

Nutzen im Alltag

Beweglichkeit in der Brustwirbelsäule hilft bei allen Drehungen, bei allen plötzlichen Bewegungen. Sie gehört auch zum natürlichen Kreuzgang. Der untere Rücken wird entlastet. Erleichtert das Aufrichten beim Gehen, Stehen und Sitzen. Die Kraft aus der Mitte entlastet die Schultern, und Sie können sich entspannen.

Körper verschränken, Schultern nach außen unten absenken. Scham- und Steißbein Richtung Boden dehnen, den Kronenpunkt zur Decke ziehen. Bauchnabel zum Brustbein ausrichten.

Schritt 2

Diagonal atmen, wie Sie das nun schon kennen: Von einem Sitzbeinhöcker zur gegenseitigen Schulter atmen. Jede Diagonale drei Mal. Steigerung: am linken Knie einatmen, zur rechten Schulter, ausatmen. Ebenfalls jede Seite drei Mal.

Schritt 3

Jetzt senken Sie den Oberkörper so weit nach hinten ab wie Sie können. Achtung, der Kopf bleibt in der Verlängerung des Halses, das Kinn steht möglichst horizontal. Sitzbeinhöcker gleichzeitig zusammen und Richtung Kniekehlen ziehen, dabei hebt sich der aufgespannte Torso von selbst ein paar Zentimeter an, Sitzhöcker loslassen, leicht senken, anziehen, anheben. Zehn Mal, auf 20 Mal steigern. (Bild A)

Schritt 4

Eventuell kurz im Fersensitz entspannen, Position wieder aufbauen. Oberkörper von der Mitte des Brustbeines (Mittelpunkt genau zwischen dem Ansatz der

Bild A

Bild B

Brüste) aus nach links drehen. Der Kopf
sieht anfangs gerade aus, sobald Sie mit
der Bewegung vertraut sind, wandert er in
die Gegenrichtung, also nach rechts.
Brustwirbelsäule nach rechts, Kopf nach
links. Es ist eine behutsame, geschmeidige
Bewegung, kein Ruck-Zuck. Das Kinn
bleibt im 75-Grad-Winkel zum Hals (vari-
iert, je nachdem, wie tief Sie den Oberkörper absenken können). Auf jede Seite fünf
Mal, auf zehn Mal steigern. (Bild B)

So fühlt es sich an

In den vorderen Oberschenkeln ist eine
Dehnung zu spüren. Der Rumpf fühlt sich
aufgespannt und kraftvoll an, wie in einem Power-Korsett. Bauch und Rücken
sind lang gedehnt und stabil. Sie spüren,
wie viel Kraft und Stabilität Ihre Mitte haben kann. Nebeneffekt für die Schönheit:
Die Aufspannung dehnt und strafft die
Bauchmuskeln.

Kern-Stabilität

Das wird trainiert

▶ Gesamte Beckenmuskulatur
▶ Gesamte Hüftmuskulatur/Psoas
▶ Entlastung der Kreuzbeingelenke, Hüftgelenke
▶ Beweglichkeit des Beckens
▶ Autochthone Rückenmuskeln, vor allem die Lendenwirbel profitieren
▶ Schlanke Kraft für die Beine
▶ Unterstützende Atmung: diagonal

So wird's gemacht

Schritt 1

Gehen Sie in den Kniestand. Legen Sie sich dazu eine gefaltete Decke unter. Den rechten Fuß vor dem »Decken-Polster« auf dem Boden aufsetzen. Großzehengrundgelenk und Ferse belasten. Das Knie bildet einen rechten Winkel und steht genau über der Ferse. Arme vor der Brust entspannt verschränken. Kronenpunkt zur Decke, das Scham- und das Steißbein Richtung Boden dehnen. Den Bauchnabel zum Brustbein ziehen, um den Pyramidalis zu aktivieren und dadurch den Rumpf zu stabilisieren. (Bild A)

Schritt 2

Diagonal atmen: Atmen Sie am linken Sitzbeinhöcker ein und an der rechten Schulter wieder aus. Dann in umgekehrter Richtung: am rechten Sitzbeinhöcker einatmen, an der linken Schulter ausatmen. Jeweils drei Mal. Diese Aufspannung halten, wenn Sie nun den rechten Sitzhöcker nach hinten und das rechte Knie nach vorne dehnen. Achtung, die Position verändert sich nicht, Sie ziehen wirklich die Knochen auseinander, um die Gelenke zu öffnen und die Tiefenmuskulatur zu aktivieren.

Schritt 3

Halten Sie die Aufspannung. Schieben Sie die rechte Ferse senkrecht in den Boden. Nur das. Die Zehen bleiben liegen, der

Nutzen im Alltag

Genauso wird Sie die Beckenbodenmuskulatur im Alltag schützend und stützend begleiten, wenn Sie regelmäßig und konsequent trainieren. Die Gelenke werden entlastet, die Feinmuskulatur um die Wirbelsäule vernetzt sich mit der Beckenmuskulatur. Die Füße werden vom Gewicht des Torsos entlastet, schwere Beine fühlen sich wieder leicht an. Die vernetzte Beinmuskulatur ist außerdem die beste Venenpumpe.

Oberkörper bleibt lang, leicht und aufgespannt. Einfach nur die rechte Ferse in den Boden schieben – und spüren, wie sich dabei die rechte Hälfte der Beckenbodenmuskulatur kraftvoll und zugleich subtil aktiviert. Zunächst zehn Mal, später auf 30 Mal steigern.

Schritt 4

Den Körper nach vorne über das rechte Bein schieben, bis sich eine angenehme Dehnung in den Oberschenkeln einstellt. Diese Position für die Dauer von ungefähr 30 Sekunden halten. Seite wechseln und

Schritt 1 bis 3 mit der anderen Seite durchführen. Zum Abschluss den Körper über das linke Bein schieben und dehnen. (Bild B)

So fühlt es sich an

Ist das Becken wirklich aufgerichtet, stellt sich ein sattes »Hosenbodengefühl« ein, eine Kraft, die vom Levator Ani kommt, den Damm anspannt und am hinteren Oberschenkel bis zur Kniekehle zieht. Das ist auch eine spürbare Sofort-Entlastung bei Hämorrhoiden.

Bild A

Bild B

So ist der Rücken glücklich

Das wird trainiert

▶ Die Vernetzung der Muskulatur der hinteren Oberschenkel, des Levator Ani, des Iliopsoas, der Hüften mit der autochthonen Rückenmuskulatur

▶ Koordination und Diagonalaufspannung

▶ Ausgleich überspannter und unterentwickelter Rückenmuskeln

▶ Die Tiefenmuskulatur im Brustkorb, die vorne und hinten einen kraftvollen Stern bildet

▶ Die Beweglichkeit der Brustwirbel

▶ Stabilisierung der Lendenwirbel

So wird's gemacht

Schritt 1

Im Stand. Beine hüftweit auseinander. Großzehengrundgelenke und Fersen werden belastet. Die Hände locker auf den Rücken legen. Ellbogen lang ziehen und die Muskeln der Oberarme ausdrehen. Sitzbeinhöcker zusammenziehen. Das Gesäß nach hinten dehnen, bis die Knie exakt über der Ferse stehen. Arbeitet der Beckenboden nicht, verlieren Sie das Gleichgewicht. Ist er in Aktion, spüren Sie die Vernetzung von Becken-Rücken-Hüften-Oberschenkelmuskulatur sehr deutlich. (Bild A)

Schritt 2

Aufspannen: Scham- und Steißbein ziehen nach hinten, der Kronenpunkt in die Gegenrichtung. Diese Aufspannung mit Diagonalatmungen speichern: An einem Sitzbeinhöcker ein- und an der gegenüberliegenden Schulter ausatmen. Jeweils drei Mal.

Schritt 3

Nun die Sitzbeinhöcker kraftvoll zusammenziehen. Der Oberkörper hebt sich fast automatisch ein wenig. Sitzhöcker sanft und kontrolliert wieder auseinander bewegen, Oberkörper absenken, wie einen Klappdeckel. Zehn Mal. Dann auf 20 Mal steigern.

Nutzen im Alltag

Bücken und heben mit Schutz und Stütze des Levator Ani. Der untere Rücken wird entlastet. Beine und Arme können ihre Kraft voll entfalten. Reaktionsgeschwindigkeit und -sicherheit. Ihr Körper lernt wieder, wie er sich in unsicheren Situationen stabilisieren und bei Sturzgefahr auffangen kann – egal, ob auf Eis, auf regennassem Holz, auf den Skiern, dem Surfbrett oder beim Räderschlagen mit den Kindern.

Bild A

Bild B

Schritt 4

Sitzbeinhöcker anziehen und den Beckenboden aktiviert halten. Aus der Mitte des
Brustbeines die Brustwirbelsäule nach
rechts drehen, den Kopf gleichzeitig behutsam nach links wenden. (Bild B)
Achtung, wenn es in den Halswirbeln
knirscht, sind Sie nicht schön aufgespannt.
Brustkorb nach rechts, Kopf nach links.
Zehn Mal. Position beibehalten oder aufrichten, entspannen und neu aufbauen für
Übung 10.

So fühlt es sich an

Beim ersten Versuch haben Sie das Gefühl,
das Gleichgewicht zu verlieren und nach
hinten zu fallen. Mit wachsendem Bewusstsein für die Beckenboden- und
Beckenmuskulatur spüren Sie eine völlig
neue Stabilität und Kraft im Becken und
in den Beinen. Mit der Zeit werden Sie
spüren, wie Ihre Feinmuskulatur »das
Kreuz« kraftvoll stabilisiert und gleichzeitig die Brustwirbelsäule immer geschmei-
diger wird.

Der Beckenboden macht's

Das wird trainiert

▶ Entspanntheit der Schultern
▶ Isolierte Kraft für die Arme
▶ Stabilität in der gesamten Rückenmuskulatur
▶ Mobilität der Brustwirbel
▶ Kraft im Becken und im Levator Ani

So wird's gemacht

Schritt 1

Nehmen Sie die gleiche Grundposition ein wie in Übung 9: Füße dazu hüftweit auseinander, Großzehengrundgelenk und Ferse verankern. Arme auf Schulterhöhe locker verschränken. Die Sitzbeinhöcker nach hinten strecken, bis die Knie genau über der Ferse stehen. Die Knie etwas mehr beugen. Dann die Sitzbeinhöcker zueinander ziehen und wieder höher kommen. Tiefer in die Knie, mit dem Beckenboden anheben. Zehn Mal. Auf 20 Mal steigern. (Bild A)

Schritt 2

Die Hände verschränken, die Arme über dem Kopf neben den Ohren ausstrecken, die Schultern nach außen unten setzen. Nun aus der Brustwirbelsäule den Oberkörper und die Arme nach links ausdrehen, der Kopf bleibt in der Mitte, Augen schauen geradeaus, nach rechts, jede Seite zehn Mal.

Schritt 3

Den Bauchnabel zum Brustbein dehnen, um den schützenden, stützenden Pyramidalis zu aktivieren. Aus der Brustwirbelsäule den Oberkörper und die Arme nach rechts drehen, der Kopf wendet sich nun behutsam nach links. (Bild B) Den Körper und die Arme nach links, den Kopf nach rechts. Achtung: Becken und Beine bewegen sich nicht. Auf jede Seite zehn Mal. Aufrichten für Übung 11: Kronenpunkt nach oben, Scham- und Steißbein nach unten dehnen. Fällt es Ihnen anfangs schwer, die Arme gestreckt zu halten: anwinkeln wie in Bild A.

Nutzen im Alltag

Sie können diese Übung nach dem Stillen kurz machen, um die Aufspannung wieder zu finden. Die Drehung der Brustwirbelsäule schützt langfristig vor Rundrücken und Osteoporose. Außerdem unterstützt die Übung den Körper beim anatomisch guten und energiesparenden Kreuzgang: Die Brustwirbelsäule verschraubt sich im Gehen automatisch gegengleich zum Becken.

Bild A

So fühlt es sich an

Sie fühlen sich, als wären Sie um 5 cm länger. Der Rumpf ist gedehnt. Sie spüren jeden Muskel. Das Becken ist oben weit. Der Brustkorb ist weit und geöffnet. Die Taille wird lang und schmal, und alle Bauchmuskeln sind gedehnt. Dieses schöne Dehngefühl können Sie im Alltag jederzeit und überall abrufen.

Bild B

Biegsam wie Bambus

Das wird trainiert

▶ Leichtigkeit, Geschmeidigkeit
▶ Aufspannung, Entspannung
▶ Autochthone Rückenmuskulatur
▶ Rumpfmuskulatur
▶ Wirbelsäule, Schultern, Nacken
▶ Beckenhälften

So wird's gemacht

Schritt 1

Stellen Sie sich zu dieser Übung aufrecht hin. Die Füße stehen hüftweit auseinander, in leichter V-Stellung. Großzehengrundgelenk und Ferse haben einen guten Bodenkontakt. Scham- und Steißbein fließen Richtung Boden, der Kronenpunkt zieht in die Gegenrichtung: zur Decke. Die Arme hängen entspannt. Stellen Sie sich vor, es fließe warmer Honig durch Ihre Arme und Ihre Finger. Schultern nach außen unten.

Nutzen im Alltag

Bei seitlichem Strecken mit aufgespannter Wirbelsäule und stabilem Becken aktivieren sich automatisch alle autochthonen Rückenmuskeln und schützen Sie damit vor Verrenkungen.

Bauchnabel zum Brustbein hoch ziehen. Die Sitzbeinhöcker ganz zart zusammenziehen.

Schritt 2

An den Fersen einatmen, den Atem durch die Beine, das Steißbein, die Wirbelsäule zum Kronenpunkt hochziehen, dann durch den Kronenpunkt ausatmen und beim Ausatmen in der Vorstellung 5 cm größer werden als beim Einatmen. Fünf Mal. Dann durch die Sitzbeinhöcker einatmen, den Atem hochziehen, durch den Kronenpunkt ausatmen und beim Ausatmen wachsen. Ebenfalls fünf Mal.

Schritt 3

Die Arme zur Decke strecken. Die Mittelfinger sind wie mit einem Marionettenfaden am Himmel aufgehängt. Schultern absenken und die Schlüsselbeine auseinander dehnen. Den Mund ganz leicht öffnen. Wer kann, zieht die Ohrenspitzen ebenfalls zur Decke hoch. An der untersten Rippe vorne rechts einatmen, den Atem in einem hohen Bogen zur untersten Rippe hinten links ziehen und ausatmen. Dabei dehnt sich das Zwerchfell rundherum aus. Dann an der untersten Rippe vorne links einatmen, hoher Bogen, bei der untersten Rippe hinten rechts ausatmen. Jeweils drei Mal. (Bild A)

Bild A   Bild B   Bild C

Schritt 4

Vom Kronenpunkt aus ziehen Sie den Oberkörper nach rechts, gleichzeitig zieht der linke Sitzbeinhöcker in Richtung Ferse, bis eine intensive Dehnung entsteht, und zwar links und rechts an beiden Körperseiten. Die Arme fließen einfach mit. (Bild B) Die Bewegung kommt aus dem Brustkorb. Die Lendenwirbel und das Becken bleiben dabei vollkommen stabil ausgerichtet. Dann den Kronenpunkt nach links und den rechten Sitzbeinhöcker zur Stabilisierung lang ziehen. Drei Mal auf jeder Seite. Aufrichten für Übung 12. (Bild C)

So fühlt es sich an

Wie junger Bambus im Wind. Das Aufspannen des Zwerchfells gibt zusätzlich Weite und Offenheit in den Brustkorb, Sie können tiefer und mit viel mehr Volumen atmen. Der Brustkorb ist weit und offen, die Schultern anmutig und entspannt.

Aufspannung total

Das wird trainiert

▶ **Aufspannung der Wirbelsäule**
▶ **Autochthone Rückenmuskulatur**
▶ **Dehnung der Bandscheiben**
▶ **Schultern, Armgelenke, Schulterblätter**
▶ **Stabilität aus dem Becken**

So wird's gemacht

Schritt 1

Füße hüftweit, Knie entspannt – weder durchgedrückt, noch gebeugt, einfach nur entspannt. Scham- und Steißbein Richtung Boden, den Kronenpunkt Richtung Decke dehnen. Arme hängen entspannt. Einatmen durch die Sitzbeinhöcker, ausatmen durch die Beckenschaufeln und im Becken weit und offen werden. Drei Mal.

Schritt 2

Einatmen durch den Bauchnabel, ausatmen seitlich oberhalb der Taille bei den untersten Rippen. Stellen Sie sich vor, aus den Rippen wachsen Ihnen seitlich kleine Flügel. Drei Mal.

Schritt 3

Einatmen in der Mitte des Brustbeines, ausatmen an den Schultern, die Schultern weich nach außen unten fließen lassen. Drei Mal.

Schritt 4

Die Hände verschränken. Die Fingerstellung wechseln, sodass der Daumen der nichtdominanten Seite außen liegt. Dann die Arme über dem Kopf ausstrecken, dabei die Handinnenseiten zur Decke wenden. Schultern nach außen unten setzen. Die dadurch entstandene Spannung im Rücken (Trapezius) halten, und die Arme behutsam und langsam nach vorne absenken, bis sie nach unten gestreckt sind. (Bild A)

Schritt 5

Handflächen Richtung Boden dehnen, gleichzeitig den Kronenpunkt zur Decke ziehen und die Muskeln der Oberarme ausdrehen. 30 Sekunden halten. Dann entspannen. Noch zwei Mal wiederholen. (Bild B)

Nutzen im Alltag

Gewohnheiten sind hartnäckig, besonders solche, bei denen es sich um die Körperhaltung handelt. Mit dieser einfachen, aber effizienten Übung können Sie die köstliche Aufspannung jederzeit wieder finden. Vor allem Schritt 5 lässt sich fast überall ausführen, ohne dass Sie auffallen.

So fühlt es sich an

Sie fühlen sich mindestens 5 cm größer. Die aktiven autochthonen Muskeln am Rücken sind wie zwei Kraftschlangen, die Sie aufrichten und aufrecht halten. Vertrauen Sie der neuen Power, Sie können sich entspannen, und werden nicht in sich zusammensinken. Das ist die Kunst der Wirbeltiere: Entspanntheit in der Aufspannung. So machen es Delfin, Giraffe, Amsel und Leopard von Natur aus. Die Übung eignet sich vorzüglich als SOS-Bewegung, wenn Sie vor dem Computer, beim Autofahren, beim Spielen mit dem Kind in die alte Gewohnheit zurückfallen und die Schultern hochziehen bis der Nacken schmerzt.

Bild A

Bild B

Schwerpunkt Bauch

Für diese Bauchübungen steht Ihnen ein sehr einfaches und sehr sicheres »Kontrollinstrument« zur Verfügung, das Ihnen garantiert, dass Sie die Übungen optimal durchführen: Ihr Auge, beziehungsweise das, was es sieht. Sieht der Bauch während der Übung schon schön aus, sind Sie auf dem richtigen Weg. Denn so, wie Sie während der Übung aussehen, wird das Resultat.

Die Anatomie des Bauches

Suchen Sie immer die Grundposition, in der Ihr Bauch lang, flach, angenehm gedehnt ist und die Taille klar zum Vorschein kommt. Sobald Sie aus Anstrengung die Bauchmuskeln aufblasen und zusammenpressen: Hören Sie mit dem Üben auf. Entweder neu aufbauen oder übermorgen weiter machen. Steht der Bauch kugelig hervor oder verwandelt er sich in zwei wie von einer Kerbe getrennte Teile, mit Oberbauch und Unterbauch, sind Sie entweder an die falschen Muskeln geraten – oder Ihr Körper ist nicht mehr aufgespannt.

Eine kleine Muskelkunde für den Bauch

In der Aufspannung – und nur in der Aufspannung – vernetzen sich die tief liegenden Muskeln des Beckens, des Rückens, der Hüften und des Bauches zu einem natürlichen Korsett. Dieses Korsett schützt und stützt den ganzen Körper: Es hält das Becken perfekt in Form und Stand, es richtet die Wirbelsäule auf und macht sie beweglich, es entlastet Beine und Füße nach unten, Schultern und Kopf nach oben. Und es schützt, stützt und massiert aktiv die Organe.

Beim Levator Ani, den Sie nun schon gut kennen, läuft alles zusammen. Der Hüftbeuger (Psoas), der Iliacus und die autochthonen Rückenmuskeln verbinden sich mit den großen schrägen und queren Bauchmuskeln (Obliquus Internus und Externus abdominis, Transversus abdominis). Vor allem der Transversus hat es in sich: Wird er quer auf- und angespannt, was in den Fitness-Studios zurzeit Mode ist, so kippt er von innen das Becken, verschluckt die Taille und macht die Figur kastig und matronenhaft. Aufgespannt hingegen bildet er mit den queren Bauchmuskeln, den Hüftbeugern und dem Pyramidenmuskel ein tolles Team, das den Torso kreuz und quer verstrebt. Darüber liegt der lange, gerade Bauchmuskel, lateinisch Musculus Rectus abdominis. Wenn dieser gerade Bauchmuskel während der Schwangerschaft als Bauchwand die Hauptarbeit machen muss, so kann sich die Mittelnaht über der Linea Alba öffnen, zu einem Spalt, manchmal mehrere Zentimeter breit. Extremes Bauchpressen während der Geburt kann den Rectus ebenfalls »spalten«. Das Ergebnis heißt – richtig, Rectusdiastase.

Die CANTIENICA®-Bauchübungen entlasten den gespaltenen Rectusmuskel: Er wird durch das darunter liegende Superteam regelrecht unterfüttert. Auf dieser elastischen, kraftvollen Unterlage kann er sich erholen, der Spalt schließt sich wieder. Unschwer zu erraten: Falls Sie wieder schwanger werden möchten, beugt das Tiefenmuskelkorsett einer neuerlichen Spaltung des geraden Bauchmuskels vor.

Die drei großen B's

Die Überlastung der äußeren Bauchmuskeln und großer Druck im Bauch sind maßgeblich beteiligt an Organsenkungen. Es ist so einfach, wie es klingt: Hält der Levator Ani nicht, klafft das Becken unten auseinander. Erfolgt Druck von oben, so werden die Unterleibsorgane – Gebärmutter, Blase, Darm – nach unten geschoben. Im schlimmsten Fall kommt es zu einem Prolaps, ein Organ tritt durch die Vagina oder durch den Darm aus dem Körper heraus. Die konsequente, anatomisch sinnvolle Vernetzung der gesamten Becken-, Beckenboden- und Bauchmuskulatur behebt die Ursache der Absenkung der Organe – und auch die Folgen. Eine leichte Senkung ist kurz nach der Geburt leichter zu beheben als nach 20 Jahren, ebenso eine schwere Senkung, wenn das Training möglichst sofort angefangen wird.

Die Festigung der Bauchdecke hilft auch, wenn die Symphyse durch die Geburt gelockert wurde. Symphyse ist die anatomische Bezeichnung für die Schambeinfuge, die faserigknorpelige Verbindung der Schambeinknochen. Sie kann beim Gebären Schaden nehmen oder gar reißen, wenn die Gebärhaltung nicht optimal ist, wenn der Kopf des Kindes groß ist oder wenn die Beweglichkeit in den Beckengelenken fehlt – Kreuzbeingelenke, unterste Lendenwirbel, Hüftgelenke. Durch die Vernetzung der gesamten Beckenmuskulatur einerseits und die Mobilisierung der einzelnen Beckenhälften andererseits wirken sich die Übungen sehr positiv auf die Symphyse aus: Sie wird vollkommen entlastet und in die Muskulatur eingebettet.

Der Bauch ist wieder flach

Cornelia E., ist 35 Jahre alt und hat ein Kind. Sie absolvierte den regulären Rückbildungskurs, »ohne Erfolg. Das Durchhängegefühl beim Husten blieb.« Glücklicherweise ließ sich Cornelia nicht vom Pessimismus der anderen Mütter im Kurs anstecken. Sie suchte und fand Claudia Mahler, die in Hamburg mit der CANTIENICA®-Methode arbeitet, »junge Mütter spüren ihren Körper intensiv, die Erfolge stellen sich schnell ein.« sagt Frau Mahler. So war es auch bei Cornelia E.: »Meine Haltung ist viel straffer, ich habe ein angenehmes, pralles Po-Gefühl, der Bauch ist wieder flach. Die Rückenschmerzen sind fast weg, und wenn ich beim Tragen oder in Bewegung nicht aufpasse, weiß ich genau, was ich machen muss, um die Schmerzen wieder los zu werden.«

Lang und leicht werden

Das wird trainiert

▶ Aufspannung der Wirbelsäule
▶ Dehnung und Vernetzung sämtlicher
Rumpfmuskeln
▶ Becken- und Beckenbodenmuskulatur
▶ Iliopsoas, Transversus-Muskel des Bauches
▶ Schultergelenke
▶ Hüftgelenke, Beinachse

So wird's gemacht

Schritt 1

Rückenlage. Beine angewinkelt. Füße
hüftweit auseinander und zart in V-Stellung, damit auch das Becken in V-Stellung

ist, unten eng, oben weit. Großzehengrundgelenk und Ferse sorgen für Bodenkontakt. Zehen entspannen. Fersenbein
aufrichten. Kopf wieder auf den kleinen
Ballon betten, damit auch die tief liegenden Halsmuskeln vom Training profitieren. Spüren Sie mit den Händen in den
Leisten nach: Ist das Becken optimal aufgerichtet? Sind die Leisten entspannt?

Schritt 2

Sitzbeinhöcker leicht nach unten schieben,
zusammenziehen und möglichst gleichzeitig
Scham- und Steißbein Richtung Fersen, den
Kronenpunkt in die Gegenrichtung dehnen.
Den Rücken aufspannen und in die Unterlage entspannen. Rippen entspannen. Der

Bild A

Nutzen im Alltag

Bald wird die Wirbelsäule »wissen«, wann sie lang, leicht und aufgespannt ist. Ihr Rücken wird sich selbst tragen, und aus jedem Sitzen eine Übung machen.

Rücken soll lang und leicht aufliegen, ganz ohne Druck. Drei Mal wiederholen, und jedes Mal noch länger und leichter werden.

Schritt 3

Hände falten, Arme zur Decke strecken, Handinnenflächen zeigen zur Decke. Die Schultern mit gestreckten Armen nach außen unten setzen. Arme und Schultern ein wenig hoch ziehen, Schultern nach außen unten setzen. Drei Mal. (Bild A)

Schritt 4

Arme langsam absenken, bis sie neben den Ohren sind. Schultern kraftvoll nach außen unten setzen. (Bild B) Arme entspan-

nen. Als Vorbereitung auf die folgenden Bauchübungen: Durch die Sitzbeinhöcker einatmen, durch die Beckenschaufeln seitlich ausatmen, also unten noch enger und oben noch weiter werden. Drei Mal.

Schritt 5

Durch die Sitzbeinhöcker ein- und den Kronenpunkt ausatmen, beim Ausatmen länger werden als beim Einatmen. Drei Mal. Die Vernetzung und die Grunddehnung der Bauch-, Becken- und Rückenmuskulatur sind Voraussetzung für den sicheren, schnellen und nachhaltigen Erfolg der folgenden Powerübungen für den Bauch!

So fühlt es sich an

Für manche Frauen erleichtert die Rückenlage die Aufspannung, andere verkrampfen sich anfangs. Geben Sie sich die Erlaubnis, leicht zu sein. Sind Sie aufgespannt, so fühlt sich das Resultat dieser Grundübung an als schwebten Sie über dem Boden.

Bild B

Da freut sich der Unterbauch

Das wird trainiert

▶ Die Vernetzung der gesamten Rumpf-
muskulatur
▶ Becken- und Beckenbodenmuskulatur
▶ Vernetzung des Levator Ani mit Hüft-
und Oberschenkelmuskulatur
▶ Pyramidalis
▶ Geschmeidigkeit der Kreuzbein- und
Hüftgelenke
▶ Aufspannung und gleichzeitige Entspan-
nung
▶ Beinachse, Oberschenkel

So wird's gemacht

Schritt 1

Grundposition aus Bauchübung 1: Der
Rücken ist lang und leicht und hat seine
ganz natürliche Kurve. Das Becken steht
aufrecht, erkennbar an den offenen Leisten. Die Sitzbeinhöcker nach unten deh-

Nutzen im Alltag

Aufrichtung. Kernstabilität. Kraft.
Schönheit. Massage für die Organe.
Automatische Zusammenarbeit aller
rumpfstabilisierender Muskeln durch
gezielte Vernetzung.

nen, ohne ein Hohlkreuz zu machen, das
rechte Knie in der Vorstellung aus dem
Hüftgelenk und zur Brust ziehen, Sie
kennen das Prinzip ja schon von der Kern-
kraftübung (Übung 3) aus dem Haltungs-
programm. Den Bauchnabel zum Brustbein ziehen. (Bild A)

Schritt 2

Das linke Knie sorgfältig anziehen. Falls
sich der Bauch jetzt schon aufplustert:
Knie näher zum Körper ziehen. (Hilft das
nichts: Füße aufstellen und die Position
neu aufbauen.) Fersen aneinanderlegen,
Füße bilden ein V. Knie öffnen, wie es für
Sie angenehm ist. Fersen kräftig aneinander pressen. Sie spüren, wie sich automatisch die Sitzbeinhöcker zueinander bewegen, also der Levator Ani aktiv wird.
(Bild B)

Schritt 3

Nun pressen Sie die Fersen in gleichmäßi-
gen Impulsen zusammen und schieben sie
gleichzeitig leicht nach vorne, Unterschenkel mehr oder weniger parallel zum Boden. Die Sitzhöcker zusammenziehen,
Beine nach vorne bewegen, zurück,
wiederholen. 15 Mal wiederholen, dann
auf 30 Mal steigern. Achtung: Der Oberkörper liegt entspannt und regungslos! Sobald sich die Bauchmuskeln anspannen

oder das Becken vor- und zu-
rückruckelt, arbeiten Sie mit
dem Rücken, und nicht mehr
mit der Becken- und Bauchmuskulatur!

Schritt 4

Die Beine zur Brust ziehen, entspannen und diese Position genauso für die nächste Übung
beibehalten.

Bild A

So fühlt es sich an

Vermutlich anders, als alle
Bauchübungen, die Sie bisher gemacht
haben. Die langen Bauchmuskeln müssen
entspannt sein. Die tiefen Bauchmuskeln
arbeiten vernetzt mit den Becken- und
Rückenmuskeln. Der Bauch muss während der Übung so aussehen, wie Sie ihn
möchten. Bei den ersten zehn Wiederholungen haben Sie das Gefühl, es passiere
nicht viel, dann beginnen die Muskeln tief
drin fast ein bisschen zu brennen. Bravo!

Bild B

Ein Korsett aus Muskeln

Das wird trainiert

▶ Becken-, Beckenboden- und Bauchmuskulatur
▶ Vernetzung sämtlicher Bein- und Hüftmuskeln
▶ Vernetzung aller Rücken- mit allen Bauchmuskeln
▶ Koordination
▶ Kraft und gleichzeitige Entspannung
▶ Steigerung der sexuellen Empfindungsfähigkeit

So wird's gemacht

Schritt 1

Grundposition in Rückenlage aufbauen: Die Sitzbeinhöcker nach unten dehnen, dann gemeinsam mit dem Scham- und dem Steißbein nach vorne lang dehnen, den Kronenpunkt in die Gegenrichtung ziehen. In dieser Aufspannung entspannen. Die Beine nacheinander zur Brust ziehen, ohne das Becken dabei zu kippen. Die Beine auf Kniehöhe anwinkeln.

Suchen Sie den Winkel zwischen Oberschenkel und Becken, der angenehm ist und in dem Bauch und Rücken entspannt bleiben können. Je mehr Sie die Beine nach vorne ziehen, umso anstrengender wird es. (Bild A)

Schritt 2

Die Sitzbeinhöcker zum Damm ziehen und einatmen, den Atem zum Kronenpunkt schicken, dann ausatmen. Beim Ausatmen lassen Sie den Beckenboden los, die Beine öffnen sich seitlich ein wenig. Einatmen, Beckenboden aktivieren, ausatmen, lösen, Beine seitlich mehr öffnen. Wiederholen Sie diesen Ablauf, bis die Beine so weit gegrätscht sind, wie es für Sie möglich ist.

Bild A

Zur Steigerung können Sie zusätzlich mit den Händen an den Außenseiten der Oberschenkel einen leichten Widerstand geben.

Schritt 3

Genauso die Beine wieder schließen: einatmen durch die Sitzbeinhöcker, ausatmen durch den Kronenpunkt, Beine einige Zentimeter schließen. Bis die Knie wieder hüftweit stehen. Zur Steigerung: Hände geben leichten Gegendruck an den Innenseiten der Schenkel. Drei Mal öffnen und schließen. (Bild B)

Schritt 4

Zur Steigerung ziehen Sie die Beine weiter vom Körper weg. Zum Entspannen die Knie zur Brust ziehen. Position für die nächste Übung halten.

Nutzen im Alltag

Bitte lachen Sie nicht: Es fördert sowohl das Selbstbewusstsein als auch das Selbstvertrauen, wenn Sie spüren, wie viel Kraft Sie in einer offenen, vermeintlich verletzlichen Position mit weit gegrätschten Beinen haben! Das Trainieren der gesamten Beckenboden- und Beckenmuskulatur ermöglicht vollkommene Entspannung beim Sex. Muskeln und Nerven reagieren filigran auf jede Bewegung und arbeiten – für Ihre Lust.

So fühlt es sich an

Die langen Bauchmuskeln sind gedehnt durch die Grundhaltung, ansonsten entspannt. Die Tiefenmuskulatur arbeitet. Sie können auch bei dieser Übung ganz leicht kontrollieren, ob Sie alles richtig machen: Ist der Bauch hart und aufgeplustert, sind Sie auf der falschen Fährte. Dann hilft am besten: Entspannen, neu aufbauen. Der Bauch muss während der Übung so aussehen, wie Sie ihn möchten. Die Oberschenkel sind in einer intensiven Außenrotation, Sie spüren deutlich die Vernetzung der Becken- und Beinmuskulatur.

Bild B

Bauch liebt Schönbein

Das wird trainiert

▶ Die gesamte tiefe Bauchmuskulatur
  (gegen Rectusdiastase)
▶ Becken- und Beckenbodenmuskeln
▶ Beweglichkeit des Beckens und der
  Hüftgelenke
▶ Kraft und Stabilität fürs Kreuz
  (die Lendenwirbelsäule)
▶ Die autochthone Rückenmuskulatur
▶ Schultern und Nacken

So wird's gemacht

Schritt 1

Direkt aus Übung 3: Beine in der Luft anwinkeln. Stabilisieren Sie die Aufspannung
mit dem Diagonalatem: Am linken Sitzbeinhöcker ein-, an der rechten Schulter
ausatmen. Dann am rechten Sitzbeinhöcker ein-, an der linken Schulter ausatmen.
Im Wechsel, je drei Mal.

Schritt 2

Hände hinter dem Kopf verschränken. Ellbogen seitlich auseinander ziehen, Schultern nach außen unten setzen. Mit den
Händen den Kopf einrunden, bis das Kinn
parallel zum Brustbein steht. Stellen Sie
sich vor, das Brustbein sinke nach unten
zur Brustwirbelsäule, noch mehr …, noch

mehr … So kommt der Kopf ganz von selber hoch. Die Spitzen der Schulterblätter
bleiben am Boden! Knie leicht seitlich öffnen. Sitzbeinhöcker zusammenziehen und
den Beckenboden angespannt halten.
(Bild A)

Schritt 3

Ziehen Sie den Kronenpunkt Richtung
Sitzbeinhöcker. Nur den Kronenpunkt.
Die Schultern und der Oberbauch bleiben
ganz ruhig. Wenn Sie richtig schön aufgespannt und eingerundet sind, ist die Bewegung klitzeklitzeklein. Der Bauch muss
lang gedehnt und ganz flach aussehen,
schon während der Übung. Mit zehn Impulsen anfangen, auf 25 steigern.

Nutzen im Alltag

Beweglichkeit, Kraft, Stabilität bei jedem
Sport, beim Spiel, beim Sex. Die anatomisch therapeutische Beweglichkeit des
Kopfes auf dem Atlas und die Aufspannung der Nackenwirbel verändert auch
die Art, wie Sie am Computer arbeiten,
am Tisch essen, am Tisch lesen: Sie
krümmen nicht mehr einfach den
Rücken, sondern bilden einen harmoni-
schen C-Bogen. Das schützt auch vor
Verspannungskopfschmerzen und
Migräne.

Schritt 4

Kopf ruhig halten, die Füße aus dem Beckenboden einige Zentimeter vorschieben und aus dem Beckenboden zurückziehen. Becken und Rücken bleiben stabil, entspannt und bewegen sich nicht! Fällt es Ihnen schwer, den Kopf eingerundet zu halten, betten Sie ihn auf den Ballon.

Schritt 5

Zur Entspannung Kopf ablegen, Beine unter dem Knie halten und zur Lockerung und Entspannung an die Brust ziehen. (Bild B)

Bild A

So fühlt es sich an

Der Kopf thront ganz leicht auf dem obersten Wirbel. Es kann anfangs anstrengend sein, die Ellbogen so offen zu halten – es ist aber sehr wichtig, denn wenn Sie die Ellbogen nach vorne ziehen, arbeitet der obere Rücken, nicht mehr der ganze Bauch. Die ersten zehn Wiederholungen gehen vielleicht ganz leicht, spätestens ab der 15. spüren Sie die Bauchmuskeln! Wer problemlos 25 Impulse hinlegt, ist entweder Tarzans Jane oder hat die Übung nicht verstanden. Bei

Bild B

Schmerzen im Nacken: sofort aufhören, die Übung morgen neu aufbauen, denn richtig umgesetzt darf nichts schmerzen.

Bauchstraff-Wunder

Das wird trainiert

- ▶ Beckenmuskulatur
- ▶ Hüftmuskeln, Hüftbeuger
- ▶ Dehnung des unteren Rückens und der Hüftmuskeln
- ▶ Beweglichkeit der Hüft- und Kreuzbeingelenke
- ▶ Unterbauch, Pyramidalis
- ▶ Ganzer Bauch vernetzt

So wird's gemacht

Schritt 1

Grundposition in Rückenlage mit angewinkelten Beinen. Torso aufspannen: Sitzbein-höcker leicht nach unten, dann Richtung Fersen ziehen, dabei Kronenpunkt in die Gegenrichtung dehnen, bis die Wirbelsäule schwebt. Entspannen. Linken Sitzbeinhö-cker Richtung Boden spannen, linkes Knie in einem großen Bogen zum Körper ziehen. Linken Oberschenkel behutsam ausdrehen, so weit es geht, linken Fuß über das rechte Knie legen. Das Fersenbein muss gerade stehen, wenn Sie den vollen Nutzen dieser Dehnung entfalten wollen.

Schritt 2

Position mit Atem stabilisieren: Einatmen an den Sitzbeinhöckern, ausatmen an den Beckenschaufeln. Drei Mal. Dann rechtes Knie zur Brust. Spannung des rechten Sitz-

Bild A

beinhöckers nach unten halten, damit das Gesäß nicht hochkommt und das Becken sich nicht verschiebt. (Bild A)

Schritt 3

Einatmen am Beckenboden, Atem zum Kronenpunkt ziehen, ausatmen. Beim Einatmen Sitzbeinhöcker näher zur Mitte ziehen, beim Ausatmen lösen und Beine näher zum Körper sinken lassen. Sieben bis zehn Mal. Wenn nötig, halten Sie das linke Bein am Oberschenkel. Achtung: Die Schultern bleiben entspannt am Boden.

Schritt 4

Rechten Fuß auf den Boden. Kopf in die verschränkten Hände, behutsam hoch ziehen. Brustbein einsinken lassen. Ellbogen seitlich auseinander dehnen. (Bild B) Mit dem Kronenpunkt Richtung Sitzbeinhöcker pulsieren. Zehn Mal, auf 25 Mal steigern. Entspannen, Seite wechseln.

Bild B

Nutzen im Alltag

Ihre Wahrnehmung für das, was in Ihrem Körper geschieht, wird geschult, Sie lernen, wie Sie mit einer winzigen Veränderung der Haltung die Hüftgelenke öffnen können. Das schützt Sie vor Arthrose der Hüftgelenke und bewahrt Sie vor Beckenschäden durch Fehlhaltung. Es verfeinert und erleichtert jede Bewegung, die Sie machen.

Schritt 5

Steigerung: Den rechten Fuß in der Luft anwinkeln wie in Schritt 2.

So fühlt es sich an

Zuerst werden die Hüft- und Gesäßmuskeln des aufgelegten Beines gedehnt. Dann werden die Bauchmuskeln mittrainiert. Haben Sie die Position gut aufgebaut, sind die möglichen Bewegungen minimal. Fällt es Ihnen schwer, das Hüftgelenk auszudrehen: Kontrollieren Sie den Stand Ihres Beckens, wahrscheinlich ist es gekippt, und dabei schiebt sich die Gelenkpfanne über den Gelenkkopf. Diese Verkeilung im Hüftgelenk erschwert die Außenrotation.

Bauch braucht Abwechslung

Das wird trainiert

▶ Aufrichtung Becken
▶ Aufspannung Wirbelsäule
▶ Entspannte Kraft für den Schultergürtel
▶ Becken- und Beckenbodenmuskulatur
▶ Tiefenmuskulatur von Bauch und Rücken
▶ Hüftmuskeln
▶ Oberschenkel: Kraft und Form

So wird's gemacht

Schritt 1

Aufsetzen. Beine angewinkelt, die Füße leicht im V und hüftweit. Die Arme neben dem Körper abstützen, Ellbogen direkt unter den Schultern. Die Hände zeigen Richtung Fersen. Die Sitzbeinhöcker zueinander ziehen, die Wirbelsäule aufspannen, Oberarme lang ziehen und die Muskeln der Oberarme ausdrehen. Der Kopf steht in der Verlängerung des Halses ungefähr im 75-Grad-Winkel. Stabilisieren Sie die Haltung mit der Atmung: An einem Sitzbeinhöcker ein- und an der gegenseitigen Schulter ausatmen. Jede Diagonale drei Mal.

Schritt 2

Ziehen Sie die Sitzbeinhöcker kräftig zusammen, um den Beckenboden zu aktivieren. Achtung: Das Becken dabei nicht kippen! Den Bauchnabel zum Brustbein ziehen. Ein Bein nach dem anderen vom Boden lösen und in der Luft anwinkeln. (Bild A)

Schritt 3

Die Sitzbeinhöcker noch mehr anziehen und gleichzeitig die Beine etwas (5 bis max. 10 cm) nach vorne schieben. Dabei

Bild A

geben die Sitzbeinhöcker leicht nach. Die Sitzbeinhöcker wieder voll aktivieren und die Beine zurückziehen. Acht Mal, auf 20 Mal steigern. Achtung: Das Becken bewegt sich nicht.

Schritt 4

Die Beine abwechselnd vor und zurück. Acht Mal, auf 20 Mal steigern. (Bild B)

So fühlt es sich an

Es ist eine kleine, konzentrierte Bewegung, die aus der vernetzten Becken-Bauch-Rückenmuskulatur kommt. Funktioniert die Übung so leicht wie herkömmliches »Luftradeln«, so haben Sie entweder die Grundposition nicht sauber aufgebaut oder arbeiten aus den Oberschenkeln anstatt aus dem Beckenboden. Bitte unbedingt darauf achten, dass Sie nicht hinter die Sitzbeinhöcker kippen, denn dann müssen die Bauchmuskeln nicht mehr arbeiten. Sie können einen Medizinball ins Kreuz legen, um die Aufrichtung zu stabilisieren.

Nutzen im Alltag

Die Stabilisierung des Torsos in der Aufspannung entlastet Ihr Becken und den Rücken beim Tragen des Kindes – auch beim Stillen. Die Lendenwirbel profitieren von dieser neuen Kraft. Außerdem unterstützt Sie diese Übung extrem, falls Sie zu den »Bauchheberinnen« gehören und schwere Lasten mit der Bauchkraft anheben möchten. Bei dieser Übung spüren Sie außerdem, wie Ober- und Unterkörper zusammenarbeiten können.

Bild B

Ironwoman

Das wird trainiert

▶ Vernetzung der Becken-, Beckenboden- und Unterbauchmuskulatur
▶ Vernetzung der Rumpfmuskulatur
▶ Vernetzung Becken-, Hüft- und Oberschenkelmuskulatur
▶ Der Psoas erhält eine Superdehnung
▶ Geschmeidigkeit für Kreuzbein- und Hüftgelenke
▶ Körperwahrnehmung

So wird's gemacht

Schritt 1

Rückenlage, Beine angewinkelt, Füße hüftweit und leicht in V-Stellung. Hände hinter dem Kopf verschränken, Kopf stabilisieren, die Ellbogen zeigen zur Seite. Die Wirbelsäule aufspannen, indem Sie

Nutzen im Alltag

Die Dehnung des Psoas erleichtert die Aufrichtung des Beckens und die Aufspannung der Wirbelsäule. Die Leisten fühlen sich offen an. Der Gang wird leicht und elegant. Wer gerne tanzt spürt sofort die größere Beweglichkeit von Becken und Hüftgelenken. Der untere Rücken profitiert vom gedehnten Iliopsoas.

Scham- und Steißbein in Richtung Füße, den Kronenpunkt in die Gegenrichtung dehnen. Entspannen – aber die Länge halten! Ein Bein nach dem anderen zur Brust ziehen; jetzt eines nach dem anderen zur Decke strecken. Prinzip Zug-Gegenzug nutzen: Die Sitzbeinhöcker spannen nach unten, die Fersen zur Decke.

Schritt 2

Aktivieren Sie den Levator Ani, indem Sie die Sitzbeinhöcker zusammenziehen. Drehen sich die Oberschenkelmuskeln dabei von selbst aus, machen Sie es optimal. Pulsieren Sie mit der Beckenbodenmuskulatur, indem Sie die Sitzbeinhöcker aktivieren, loslassen und aktivieren, in einem Rhythmus, der ungefähr Ihrem Herzschlag entspricht. Es soll sich eine Kettenreaktion durch die Muskulatur bis zu den Füßen »schlängeln«. 20 Mal.

Schritt 3

Senken Sie ein Bein langsam etwas ab, und pulsieren Sie wie beschrieben. Zehn Mal. Achtung: Sobald sich der Bauch aufplustert, sind die Beine zu weit abgesenkt, es arbeitet der Rücken. Wieder anheben. Das andere Bein senken. (Bild A) Versuchen Sie, genau die Grenze zwischen Herausforderung und Überforderung zu finden, so legen Sie am schnellsten Muskelkraft zu.

Schritt 4

Steigerung: Kopf einrunden.
(Bild B) Gestreckte Beine abwechselnd langsam senken und
heben. Die Beckenbodenmuskulatur macht die ganze Arbeit.
Gehen Sie nur so weit, wie Ihre
Bauchkraft heute reicht, beim
nächsten Training werden es
10 cm mehr sein, beim über-
nächsten 20 cm. Zehn Mal senken und anheben. Falls Ihr Becken wegkippt: Hände unter das
Gesäß, Bewegung verkleinern.

So fühlt es sich an

Die Übung ist eine Herausforderung für die gesamte Rumpfmuskulatur. Achten Sie auf die
Qualität der Bewegung, die Anzahl der Wiederholungen ist
zweitrangig. Der Pyramidalis
(Bauchnabel zum Brustbein) sichert die perfekte Aufspannung.
So spüren Sie die Vernetzung
der Muskulatur aus der Tiefe.
Die Muskeln der vorderen
Oberschenkel sind so entspannt
wie möglich, ein sattes »Hosenbodengefühl« mit Spannung am
Übergang des Oberschenkels
zum Gesäß zeugt für die beab-
sichtigte Muskelaktivität.

Bild A

Bild B

Bauchdehnung

Das wird trainiert

▶ Dehnung des unteren Rückens
▶ Dehnung der gesamten
  Bauchmuskulatur
▶ Schutz durch den Levator Ani
▶ Aufspannung der Wirbelsäule
▶ Dehnung des Brustbeines und der
  Schlüsselbeine

So wird's gemacht

Schritt 1

Bauchlage. Füße aufstellen. Unter die Stirn
einen kleinen Ballon legen. Hände über
dem Kopf verschränken, ausdrehen, Arme
strecken und die Schultern nach außen unten setzen, während Sie gleichzeitig die
Fersen in die Gegenrichtung dehnen. Nur
ganz kurz halten (besonders, wenn Sie stillen). Füße bequem strecken. (Bild A)

Nutzen im Alltag

Beweglichkeit der Wirbelsäule bei allen
Rückwärtsbeugungen. Falls Sie Yoga
machen, können Sie bei allen Asanas
profitieren, die den Rücken nach hinten
biegen. Die Dehnung verhindert, dass Ihr
Rücken im Hohlkreuz Schaden nimmt.

Schritt 2

Die Arme seitlich anwinkeln. Die Handwurzeln in den Boden schieben, die Ellbogen lang und nach hinten ziehen, damit
sich der Oberarmkopf aus dem Schulterdach löst. Drehen Sie die Muskeln des
Oberarmes aus. Stemmen Sie die Handwurzeln in den Boden und richten Sie den
Oberkörper vom Kronenpunkt her auf.
(Bild B)

Schritt 3

Den Bauchnabel zum Brustbein ziehen.
Durch die Sitzbeinhöcker einatmen, dann
durch den Kronenpunkt ausatmen, beim
Ausatmen länger werden als beim Einatmen. Drei Atemzüge lang. Dann entspannen.

So fühlt es sich an

Lang, leicht und gedehnt fühlt es sich an.
Achten Sie auf den Zug-Gegenzug: Scham-
und Steißbein ziehen unentwegt Richtung
Fersen. So ist das Kreuz erstens geschützt,
und zweitens wird die Muskulatur des
unteren Rückens in Verbindung mit der
Bauchmuskulatur gedehnt. Die Schlüsselbeine fühlen sich lang und gedehnt an, wie
bei einer Primaballerina. Das entlastet den
Trapezius.

Bild A

Bild B

Schwerpunkt Busen, Schultern

Den besten Push-up-Büstenhalter haben Sie immer dabei: Die Muskulatur. Der kleine Brustmuskel (Pectoralis minor) bildet mit seinen Gegenspielern am Rücken, den beiden Schultermuskeln Infraspinatus und Supraspinatus, einen stabilen BH mit breiten Trägern. Voraussetzung ist – die richtige Haltung.

So bekommt der Busen Halt

Die Schwangerschaft war auch für Ihre Brüste eine Herausforderung. Und durch die Milch werden sie nach der Geburt groß und schwer. Geben Sie diesem »neuen« Gewicht nach, zieht der Busen so sehr nach unten, dass sich die Schultern anheben und der Brustkorb einsinkt. Zunächst sieht das an großen, schlanken Frauen ja cool aus – siehe Models auf den Laufstegen –, mit der Zeit hat diese Fehlhaltung Folgen: Die Aufhängebänder des Busens hängen durch, die stützende Muskulatur zwischen und hinter den Rippen erschlafft, die Unterfütterung des Busens nimmt ab. Die Schlüsselbeine verbiegen sich, das Brustbein wird von oben gestaucht. Das ergibt auf Dauer einen Rundrücken, Nacken und Hinterkopf müssen die Überspannung ausbaden.

Der natürliche Büstenhalter

Die folgenden acht Übungen wirken der Schwerkraft entgegen: Der Brustkorb wird so aufgerichtet, dass er perfekt über dem Becken steht, wie die zweite Hälfte einer Kugel. Das entlastet sofort den ganzen Schultergürtel und aktiviert den Muskel-BH. Lassen Sie sich nicht entmutigen, wenn sich die Übungsbeschreibung anfangs kompliziert liest. Denken Sie daran: Sinn und Zweck der anatomischen Präzision ist Ihre Schönheit, Ihre Gesundheit, Ihre Haltung und Ihre Ausstrahlung.

Hier eine Kontaktübung, gleich jetzt beim Lesen, in der Hoffnung, dass sie Ihnen das Grundgefühl vermittelt, um das es bei allen Übungen für Busen, Schultern und Armen geht. Setzen Sie sich aufrecht hin, Sie wissen ja nun, wie sich das anfühlt. Ein paar Mal diagonal atmen, von unten nach oben, von links nach rechts und von rechts nach links, wie Sie das schon kennen.

Wenn Sie an einem Tisch oder Pult sitzen, legen Sie die Unterarme bequem auf. Ohne Tisch legen Sie die Handrücken entspannt auf die Oberschenkel. Das, was jetzt kommt, machen Sie möglichst gleichzeitig:

▶ Ellbogen nach unten ziehen
▶ Schultern nach außen unten setzen
▶ Kronenpunkt zur Decke ziehen
▶ Bauchnabel zum Brustbein dehnen

Vorausgesetzt, Sie haben die Schultern wirklich nach außen unten gesetzt, spüren Sie schon mit dieser Aufrichtung, wie sich der Busen leicht anhebt, wie sich die Schlüsselbeine verlängern, wie es weit wird im Brustkorb und wie alle Muskeln am oberen Rücken anspringen.

Zur Steigerung: Kinn steht im rechten Winkel zum Hals. Schon nicht mehr? Okay, Grundhaltung wieder aufbauen. Mund ganz leicht öffnen, nur so, dass die Lippen nicht mehr zusammenpressen. Zungenwurzel – oder das hintere Ende der Zunge – zum Gaumen hochziehen. Ellbogen nach unten, Kronenpunkt nach oben, Schultern nach außen unten, Bauchnabel zum Brustbein. Nun ziehen Sie das Zungenende kurz und heftig nach hinten oben, als wollten Sie von innen die Ohren wegschieben. Wieder und wieder, ich nenne die klitzekleine Bewegung wie beim Beckenboden »pulsieren«. Wenn's klickt oder schnalzt, machen Sie schon zu viel. Nach zehn bis zwölf Pulsen haben Sie sich an das Gefühl gewöhnt und können sich auch noch darauf konzentrieren, bei jedem Puls den Nabel zum Brustbein zu »ziehen«. Der Busen hüpft? Bravo. Sie können diese kleine Übung sehr diskret in den Alltag einbauen und zusammen mit der Aktivierung des Levator Ani unbemerkt in der Warteschlange an der Supermarktkasse, im Warteraum des Kinderarztes, in Tram und Bus pulsieren.

Solange Sie stillen, spüren Sie vom Training nicht so viel, Sie werden kaum Muskelkätzchen spüren: Die Muskeln, Sehnen und Bänder werden vom Stillhormon Oxytocin weich gehalten. Sobald Sie abstillen und das Stillhormon ausbleibt, nehmen Sie den Nutzen sofort wahr. »Frauen, die mit dieser Methode die Tiefenmuskulatur trai-

Stillen Sie noch?

Die Übungen für Busen und Schultern richten den Oberkörper auf, die Brüste werden weniger gequetscht, das Zwerchfell kann sich entspannen. So verbessert sich auch sofort der Milchstau. Apropos Zwerchfell: Versuchen Sie die Zwerchfell-Aufspann-Atmung mal während des Stillens. So tanken Sie während der Babyfütterung auf, statt erschöpft zu werden.

nieren, sind nach dem Abstillen so super schnell und gut in Schuss, ich kann es manchmal selber fast nicht glauben,« schwärmt Hebamme Karin Altpeter-Weiß.

Langzeitwirkung

Maria A., 39 Jahre, gebar ihre drei Kinder 2001, 2002 und 2005. Sie trainiert seit Frühling 2003 nach der CANTIENICA®-Methode. »Wechselndes Anspannen und Entspannen der Beckenbodenmuskulatur, die Aufspannung und Entspannung durch die diagonalen Atemübungen bringen einen enormen Langzeiteffekt. Ich spüre auch ganz klar den positiven Einfluss auf die Stimmung. Nach einem anstrengenden Tag mache ich einige Übungen und kann die Gefühle ordnen und spüre mich wieder.«

Schultern, setzt euch

Das wird trainiert

▶ Haltung der Schultern
▶ Zwischenrippenmuskeln
▶ Die Brustmuskeln
▶ Die Leichtigkeit des Oberkörpers
▶ Beweglichkeit des Schultergelenkes
▶ Beweglichkeit der obersten Halswirbel und des Kopfes
▶ Entlastung der Oberarme, Ellbogen und Handgelenke
▶ Die Anti-Doppelkinnmuskulatur

So wird's gemacht

Schritt 1

Setzen Sie sich auf einen Hocker oder auf den Rand des Bettes, und zwar so knapp wie möglich. Richten Sie sich exakt auf den Sitzbeinhöckern aus. Füße leicht V-förmig, Knie genau über den Fersen. Scham- und Steißbein nach unten dehnen, den Bauchnabel zum Brustbein und den Kronenpunkt zur Decke – das kennen Sie nun ja schon. Drei Mal diagonal atmen: An einem Sitzbeinhöcker ein-, bei der gegenseitigen Schulter ausatmen. (Bild A)

Schritt 2

Mund leicht offen und die Zungenwurzel (das hintere Ende) ganz hinten oben an den Gaumen ziehen. Pulsieren Sie mit der Zunge am Gaumen: hochziehen, hochziehen, hochziehen. Mit diesem einfachen Trick trainieren Sie bei diesen acht Übungen die Tiefenmuskulatur des Gesichts, des Halses und – bitte nicht lachen – die busenhaltende Muskulatur.

Schritt 3

Die Arme auf Schulterhöhe anwinkeln. Die Ellbogen zeigen spitz zur Seite. Nun

Bild A

ziehen Sie die Ellbogen auseinander, den linken nach links, den rechten nach rechts – beide gleichzeitig –, und ziehen Sie den Kronenpunkt auch noch gleichzeitig zur Decke. Die Schultern senken sich bei jedem der Dehn-Impulse noch mehr ab. (Bild B)

So fühlt es sich an

Der Brustkorb wird weit. Die Schulterblätter legen sich weit und flach am Rücken an. Die Schultern entspannen sich. Die Zungenwurzel verursacht einen Zug in der Halsmuskulatur, der sich bis zum Busenansatz fortsetzen kann. Das vermindert oder verhindert die Bildung eines Doppelkinns.

Nutzen im Alltag

Immer mal zwischendurch Zungenwurzel an den Gaumen legen, schön aufrichten, und gleichzeitig mit dem Beckenboden und der Zungenwurzel im Takt pulsieren. Das bringt die Haltung sofort zurück – und lädt den gesamten Körper mit frischer Energie auf.

Bild B

Der natürliche Push-up

Das wird trainiert

▶ Die gesamte Armmuskulatur
▶ Aufspannung der Wirbelsäule
▶ Die Vernetzung Bauch mit Brustmuskulatur
▶ Die Zwischenrippenmuskeln hinten und vorne
▶ Die Dehnung des Brustbeines und der Schlüsselbein
▶ Die busenhaltende Muskulatur

So wird's gemacht

Schritt 1

Schön auf den Sitzbeinhöckern ausrichten. Schieben Sie die linke Ferse in den Boden, dann die rechte, danach wieder die linke, die rechte, um den Levator Ani optimal zu aktivieren. Machen Sie das Ganze auf jeder Seite zehn Mal. Drei Mal diagonal atmen: am Sitzbeinhöcker ein, an der gegenseitigen Schulter aus.

Schritt 2

Arme seitlich auf Schulterhöhe anwinkeln, im 90-Grad-Winkel. Schultern nach außen unten absenken. Die kleinen Finger Ihrer Hände zu den Daumen drehen, bis Sie eine Verschraubung durch den ganzen Arm spüren. Diese Grundspannung hal-

ten, wenn Sie nun die Ellbogen näher zueinander ziehen. Je schöner die Schultern gesetzt sind, umso kleiner und intensiver ist die Bewegung! Zehn Mal, dann auf 25 Mal steigern. (Bild A)

Schritt 3

Den rechten Unterarm waagerecht vor dem Körper anwinkeln, den linken senkrecht, Handgelenk an Handgelenk legen. Die Schultern nach außen unten. Nun schiebt das rechte Handgelenk gegen das linke, während das linke Widerstand leistet. 30 Mal. Armstellung wechseln, dann wiederholen. (Bild B)

Nutzen im Alltag

Unterscheidung zwischen Schulten und Armen. Die Schultern garantieren die Beweglichkeit, für das Heben und Tragen ist die Armmuskulatur zuständig. Sie nehmen wahr, wie sich der Busen anhebt und verschönert, wenn Sie den Oberkörper aufspannen und den Brustkorb genau über dem Becken ausrichten. Die Übung schützt auch vor Rundrücken, Witwenbuckel und Verspannungen im oberen Rücken. Sie lindert oder verhindert Spannungskopfschmerzen, Migräne und Tinnitus, der von einer Fehlhaltung des Kopfes herrührt.

So fühlt es sich an

Bei Schritt 2 dieser Übung spüren Sie, wie sich der Busen regelrecht anhebt. Die Schultern senken sich ab, dadurch werden die Schultergelenke entlastet. Die Armmuskulatur kann an Kraft zulegen – und bekommt dabei obendrein eine schöne Form. Aktivieren Sie den Pyramidalismuskel, spüren Sie die Dehnung bis zum Schambein.

Mit den Schultern ist es so eine Sache, die meisten Menschen spüren schon gar nicht mehr, dass sie ständig die Oberarmkugeln im Schulterdach verkeilen – bis Schmerzen und Abnützungen auftauchen. Es ist nützlich vor einem Spiegel zu trainieren, da sehen Sie den Unterschied. Bitten Sie die Familienmitglieder oder die Mutter oder die Freundinnen, jedes Mal mit den Fingern zu schnippen, wenn Sie die Schultern wieder hochziehen.

Bild A

Bild B

Wie Anspannen entspannt

Das wird trainiert

▶ Nackenwirbel, Halsmuskulatur
▶ Muskulatur an der Schädelbasis
▶ Schulterstand
▶ Entlastet die Schultergelenke
▶ Schiebt die Schulterblätter sanft und flach an den Rücken
▶ Vernetzt die gesamte Muskulatur des Brustkorbes mit der des Rückens und des Bauches

So wird's gemacht

Schritt 1

Sie sitzen auf den Sitzbeinhöckern wie auf zwei Glaskugeln. Das Scham- und das Steiß-

Nutzen im Alltag

Entlastung der Schultern, indem Sie die Trennung zwischen Schultern und Armen wahrnehmen können. Gegen hochgezogene, verspannte und schmerzende Schultern ist dies eine der besten Übungen überhaupt, effizient und schonend zugleich. Sie können den Hochturm im Sitzen jederzeit zur Entlastung der Schultern machen, nach dem Stillen, nach der Computerarbeit oder nach langem Tragen des Kindes.

bein nach unten fließen lassen, den Kronenpunkt zur Decke dehnen, den Bauchnabel zum Brustbein. Die Fersen in den Boden schieben, um sicher zu sein, dass Sie das notwendige Minimum machen, um den Levator Ani zu aktivieren. Insgesamt zehn Mal.

Schritt 2

Mit dem Atem aufrichten: An den Sitzbeinhöckern einatmen, beim Ausatmen die Beckenschaufeln weit öffnen. Drei Mal. Dann am Bauchnabel einatmen und beim Ausatmen die Rippen seitlich weit auseinander ziehen. Ebenfalls drei Mal. Sodann am Brustbein einatmen und beim Ausatmen die Schultern nach außen unten setzen. Zu guter Letzt durch die Sitzbeinhöcker einatmen, dann am Kronenpunkt ausatmen, und schließlich beim Ausatmen größer werden!

Schritt 3

Hände ineinander verschränken. Arme auf Schulterhöhe ausstrecken und ausdrehen, die Handinnenflächen zeigen vom Körper weg. Mit gestreckten Armen die Schultern nach außen unten setzen. Spannung halten. Am linken Sitzbeinhöcker einatmen, durch die rechte Schulter ausatmen. Von rechts unten nach rechts oben. Jeweils drei Mal. (Bild A)

Schritt 4

Die gestreckten Arme langsam nach oben führen, bis sie senkrecht neben den Ohren stehen. Einatmen durch die Sitzbeinhöcker, ausatmen durch den Kronenpunkt, beim Ausatmen die Schultern nach außen unten setzen. Drei Mal durch die Sitzbeinhöcker ein- und den Kronenpunkt ausatmen. (Bild B)

Schritt 5

Arme langsam und mit gedehntem Rücken wieder auf Schulterhöhe absenken, lösen, entspannen. Achten Sie darauf, die Hände beim nächsten Training anders zu falten.

So fühlt es sich an

Die Wirbelsäule fühlt sich leicht an. Drücken Sie sie nicht flach, wie Sie es gelernt haben. Die leichte S-Kurve muss sein und wird durch die Form der Knochen (Wirbelfortsätze) bestimmt. Wenn Sie die Schultern absetzen, fühlt es sich an, als wachse der Hals einige Zentimeter aus dem Rücken. Zwischen Kopf und Armen vergrößert sich der Abstand, der Kopf steht wie in einem Rahmen.

Bild A

Bild B

Beweglichkeit macht schön

Das wird trainiert

▶ Vernetzung der Muskulatur des Oberkörpers
▶ Aufspannung der Brust- und der Halswirbelsäule
▶ Geschmeidigkeit und Beweglichkeit für die Schulter- und Kopfgelenke
▶ Vorbeugung gegen Deformationen im Alter
▶ Vorbeugung oder Unterstützung der Heilung bei Schultergelenkarthrose, Tennisarm, Karpaltunnelsyndrom

So wird's gemacht

Schritt 1

Setzen Sie sich so hin, wie Sie das nun bereits kennen: Exakt auf den Sitzbeinhöckern, Füße leichte V-Stellung und hüftweit auseinander. Scham- und Steißbein fließen nach unten, der Kronenpunkt steigt zum Himmel. Aufspannen: Durch die Sitzbeinhöcker ein-, durch den Kronenpunkt ausat-

men und über den Himmel hinaus wachsen. Machen Sie dies drei Mal.

Schritt 2

Linken Arm vor dem Körper anwinkeln. Schulter bleibt entspannt! Gleichzeitig das linke Schulterblatt am Körper nach unten und den Ellbogen in einem großen Bogen nach oben ziehen, bis er senkrecht über

Bild A

dem Kopf steht. Rechten Ellbogen seitlich hochziehen. Hände verschränken. Bauchnabel zum Brustbein ziehen. (Bild A)

Schritt 3

Linken Ellbogen spitz Richtung Decke dehnen, der rechte zieht spitz zur Seite. Drei Atemzüge halten. Armstellung wechseln, linken Ellbogen nach links ziehen, bis der rechte spitz zur Decke zeigt. Drei Atemzüge halten.

Schritt 4

Armstellung wechseln, es zeigt wieder der linke Ellbogen zur Decke. Kronenpunkt hochziehen. Aus der Brustwirbelsäule den Oberkörper nach rechts drehen, der Kopf dreht nicht mit, fixieren Sie mit den Augen ein Ziel geradeaus. (Bild B)

Bild B

Schritt 5

Armstellung wechseln und aus der Brustwirbelsäule nach links drehen, Kopf geradeaus. Auf jeder Seite drei Mal, auf zehn Mal steigern.

So fühlt es sich an

Anstrengend und sehr, sehr lohnend. Sie wissen, dass Sie die Übung perfekt ausführen, wenn der Kopf nicht mehr ausweichen will – oder muss. Je mehr Sie die

Schultern zurücksetzen können, umso länger wächst Ihr Hals aus dem Torso. Sie spüren am Rücken Muskeln, von denen Sie keine Ahnung hatten. Und der Busen hebt sich an, Sie können dabei zusehen.

Nutzen im Alltag

Sie lernen, zum Tragen und Arbeiten wirklich die Arme zu nutzen und nicht immer die armen Schultern. Die Beweglichkeit aller Gelenke des Oberkörpers wird gesteigert: Brust- und Halswirbel, Schultern, Ellbogen, Hand- und Fingergelenke. Eine tolle SOS-Dehnung für zwischendurch.

Halslang und Nackenfrei

Das wird trainiert

▶ Kopfgelenke (Atlas, Axis), Halswirbel
▶ Kiefergelenke
▶ Ansätze der Rippen am Brustbein und an der Wirbelsäule
▶ Halsmuskulatur
▶ Kopfmuskulatur
▶ Aufspannung und Dehnung der gesamten Rumpfmuskulatur
▶ Beckenstabilität

So wird's gemacht

Schritt 1

Aufrecht sitzen. Scham- und Steißbein nach unten, Kronenpunkt nach oben-oben-oben dehnen. Bauchnabel zum

Nutzen im Alltag

Verhindert die Entstehung von Doppelkinn und Hängebusen. Vernetzt die Muskulatur, die Ihren Brustkorb innen auskleidet. Verhindert Verkürzung und Verkrümmung des Brustbeines und der Schlüsselbeine. Kurz: Sie bewegen sich anmutig, schön und aufgespannt. Sie können den Kopf ganz leicht in alle Richtungen drehen, ohne dass es in den Gelenken knackst und knattert.

Brustbein. Handrücken liegen locker auf den Oberschenkeln. Ellbogen schwer nach unten und gleichzeitig den Kronenpunkt noch höher ziehen. Muskeln der Oberarme ausdrehen. Mund leicht öffnen, Zungenwurzel an den Gaumen. Zehn Mal mit dem Zungenende nach hinten oben pulsieren.

Schritt 2

Zungenwurzel bleibt am Gaumen. Nun atmen Sie an der rechten Kinnspitze ein und an der linken Geheimratsecke aus. An der rechten Kinnspitze ein, an der linken Stirnecke aus. Je fünf Mal.

Schritt 3

Am Atlas einatmen, V-förmig zum Kronenpunkt und ausatmen. Fünf Mal. Nun sollte der Kopf schwerelos auf dem Atlas thronen.

Schritt 4

Arme auf Schulterhöhe anwinkeln. Drehen Sie den Kopf vom Kronenpunkt her ganz eng am Stamm ein, ohne am Brustkorb einzusinken – im Gegenteil, die Dehnung geht vorne bis zum Pyramidalis, hinten bis zum Kreuzbein. Kronenpunkt wieder anheben. Den Kopf leicht nach rechts eindrehen, die Mittelachse des Körpers bewegt sich nicht, nur der Kopf, wie-

Bild A

Bild B

der einrunden, anheben, weiter nach rechts, in kleinen »Kopfschritten«, so weit es geht. (Bild A)

Schritt 5

Zurück in die Mitte und nach links genau so verfahren. Zurück in die Mitte. In der Regel ergeben sich 14 Mal Einrunden.

Schritt 6

Den Oberkörper aus der Brustwirbelsäule nach rechts drehen, den Kopf ultraleicht nach links. Umgekehrt, Brustwirbelsäule

nach links, Kopf nach rechts. Je fünf Mal. Entspannen. (Bild B)

So fühlt es sich an

Drehen Sie den Kopf ganz nah am Stamm ein, so spüren Sie die Dehnung bis tief ins Becken, am Bauch und am Rücken. Sie können die Korrektheit der Ausführung auch optisch wahrnehmen: Verkürzt sich »der Bauch«, bilden sich richtige Querwürste am Bauch, so sind Sie kollabiert statt aufgespannt. Zurück an den Anfang.

Formt Arme und Schultern

Das wird trainiert

▶ Die gesamte Aufspannung
▶ Die Muskeln des oberen Rückens
▶ Übergang von den Schultern zum Nacken
▶ Gesamte Arm- und Brustmuskulatur
▶ Gegen Schwabbelarme (Trapezius)
▶ Kraft und Anmut

So wird's gemacht

Schritt 1

Auf den Sitzbeinhöckern aufrichten. Das Scham- und das Steißbein fließen dabei nach unten, der Kronenpunkt zieht in die Gegenrichtung, der Bauchnabel zum Brustbein. Legen Sie Ihre Hände ganz locker auf das Kreuzbein. Dann den Oberkörper pfeilgerade vorbeugen. Pulsieren Sie 20 Mal mit dem Beckenboden, indem Sie die Sitzbeinhöcker kraftvoll zusammenziehen.

Schritt 2

Die Arme nach hinten ausstrecken. Stellen Sie sich vor, am Mittelfinger ziehen Schmetterlinge, und lassen Sie die Schultern los-los-los. Die Ellbogen sind locker. Der Daumen dreht sich zum kleinen Finger. Diese Spannung (Verschraubung) während der ganzen Übung halten. Nun pulsieren Sie die Arme Richtung Decke und schrauben den Daumen noch mehr zum kleinen Finger. Das ergibt eine kleine, intensive, dreidimensionale Bewegung, die sämtliche Muskeln des Armes erreicht. Zehn Mal, dann auf 30 Mal steigern. (Bild A)

Schritt 3

Die Arme seitlich anwinkeln. Die Schultern nach außen unten. Die Unterarme hängen dabei schwerelos nach unten. Nun drehen die kleinen Finger Richtung Daumen, um die muskuläre Kettenreaktion vorzubereiten. Ziehen Sie jetzt die Ellbogen Richtung Decke, und intensivieren Sie gleichzeitig die Drehung Richtung Daumen. Während der ersten zehn Mal müssen Sie sich konzentrieren, danach geht es fast von selbst. Auf 30 Mal steigern. (Bild B)

Nutzen im Alltag

Entspannte Schultern, langer, schlanker Hals. Das macht schön und beweglich. Verspannungen zwischen Hals und Schulterblättern werden aufgelöst. Sie lernen, wie Sie die Schultern im Alltag ganz einfach wieder setzen und entspannen können, wenn Sie mal ins alte Muster zurückfallen.

Schritt 4

Aufrichten und entspannen. Wenn Sie dazu Lust haben, können Sie sowohl die Übung 9 als auch Übung 10 aus dem Grundprogramm auch im Sitzen machen: Senken und heben Sie dabei den Oberkörper vom Beckenboden aus wie einen Klappdeckel. Gleichzeitig die Diagonalatmung anwenden und die Brustwirbelsäule nach links und rechts drehen. Mit ein wenig Übung fließen Atmung und Drehung automatisch ineinander.

So fühlt es sich an

Schritt 1: Können Sie die Auswirkungen des aktivierten Levator Ani unter Ihren Händen im Rücken spüren? Bravo. Insgesamt dehnt die Übung die Schlüsselbeine, die Muskeln zwischen den Rippen und um die Wirbelsäule herum. Der Rundrücken hat keine Chance. Die Schultern fühlen sich weit und offen an. Dafür können die Muskeln der Arme richtig intensiv zusammenarbeiten. Muskelkater in den Oberarmen ist Grund zum Stolzsein.

Bild A

Bild B

Arme lieben Kraft

Das wird trainiert

▶ Schönheit und Beweglichkeit im Schultergürtel
▶ Aufspannung der gesamten Wirbelsäule
▶ Kräftigung aller autochthonen Rücken- muskeln
▶ Vernetzung der Rumpfmuskulatur
▶ Auflösung von Einseitigkeit
▶ Hilft bei Wirbelsäulenverkrümmung
▶ Schützt bei Hypermobilität oder Gleitwirbeln

So wird's gemacht

Schritt 1

Seitlich auf die Unterlage knien. Die Knie bequem hüftbreit oder breiter grätschen. Breit auf die Hände abstützen; Hände exakt neben den Schultern und leicht ge- wölbt, eventuell kleine Ballone unter die Hände legen. Ellbogen auseinander ziehen, bis sich zwischen den Schulterblättern eine klare Dehnung einstellt. Muskeln der Ober- arme ausdrehen. (Bild A)

Schritt 2

Am linken Sitzbeinhöcker ein-, an der rechten Schulter ausatmen. Vom rechten Sitzbeinhöcker zur linken Schulter atmen. Je drei Mal. Bauchnabel zum Brustbein ziehen. Sitzbeinhöcker zusammen- ziehen, die Spannung des Becken- bodens bis zum Kreuzbein hoch- ziehen. Handwurzeln kraftvoll in den Boden schieben und gleich- zeitig kraftvoll die Muskeln der Oberarme ausdrehen. Mit drei oder fünf solchen Minibewegun- gen anfangen, auf 20 steigern.

Schritt 3

Diagonal arbeiten: Am linken Sitzbeinhöcker ein-, am rechten

Bild A

Bild B

Ellbogen ausatmen und dabei den rechten Oberarm ausdrehen. Am rechten Sitzbeinhöcker ein-, durch den linken Ellbogen ausatmen, den Oberarm ausdrehen, ohne an der Position das Geringste zu verändern. Je zwei Mal, auf fünf Sets steigern. (Bild B)

Nutzen im Alltag

Körperwahrnehmung, Koordination, Kraft, Beweglichkeit, Reaktionsschnelligkeit, Selbstbewusstsein, schöne Haltung, Eleganz in den Bewegungen. Und es ist eine der sanftesten Übungen, um verspannte und verkrampfte Schultern zu lösen.

Schritt 4

Gesäß nach hinten oben in die Luft strecken, die Arme auch strecken. Dehnen Sie sich wie eine junge Katze in alle Richtungen.

So fühlt es sich an

Tarzanartig kraftvoll in den Armen. Ultraleicht und gleichmäßig im Rücken. Beim ersten Versuch vielleicht auch anstrengend. Vielleicht auch nicht – wenn Sie zu den glücklichen Körpernaturen gehören, die bei dieser Übung die diagonale Vernetzung der Muskulatur ganz klar spüren.

Verleiht Flügel ...

Das wird trainiert

▶ Muskulatur der Schultern, des Nackens, des Rückens
▶ Brustmuskulatur
▶ Beweglichkeit der Rückenwirbel und des Beckens
▶ Vernetzung Unter- und Oberkörper
▶ Entspannung und Kraft für den Rücken
▶ Bewusstsein für den schonenden Umgang mit den Schultergelenken

So wird's gemacht

Schritt 1

Direkt aus Übung 7: Die Beine hüftbreit, die Füße im leichten V, also die Fersen näher als die Zehen. Das Gesäß auf die Fersen. Hände vor den Körper, Kopf hängen lassen und einfach nur entspannen: Der Kronenpunkt tropft nach vorne unten, Scham- und Steißbein fließen nach hinten unten. An den Sitzbeinhöckern ein- und am Kronenpunkt ausatmen. Fünf Mal. (Bild A)

Schritt 2

Diagonal atmen: Am linken Sitzbeinhöcker ein, an der rechten Schulter aus. Am rechten Sitzbeinhöcker ein, an der linken Schulter aus. Je drei Mal.

Schritt 3

Handwurzeln solide mit dem Boden verbinden, Finger sind entspannt. Kopf anheben, Wirbelsäule aufspannen. Die mit dem Boden verwachsenen Handwurzeln kräftig vom Körper wegschieben und gleichzeitig die Sitzbeinhöcker nach hinten oben ziehen. Nun die Handwurzeln zum Körper ziehen, als wollten Sie den Boden herziehen, gleichzeitig fließen die Sitzhöcker nach hinten unten. Zehn Mal. (Bild B)

So fühlt es sich an

Der erste Teil der Übung ist entspannend. Die Diagonalatmungen sind aufrichtend, aufspannend, angenehm kraftvoll. Das Ziehen und Schieben der Handwurzeln macht Ihnen die Vernetzung der gesamten Rumpfmuskeln bewusst: Dehnen Sie den Brustkorb, profitiert davon auch die Beckenmuskulatur. Und umgekehrt.

Nutzen im Alltag

SOS-Entspannung bei Verspannungen im Schultergürtel und im Kreuz. Sofortige Korrektur bei schnellen Bewegungen, die ins Kreuz gehen. Mehr Geschmeidigkeit in den Schultern und im oberen Rücken.

Bild A

Bild B

Schwerpunkt Beine, Po

Der Levator Ani bestimmt darüber, ob ein Frauenpo rund und prall ist und der Übergang zum Oberschenkel harmonisch. Sie heben Ihre schön geschwungenen Augenbrauen? Machen Sie den Selbsttest, der geht ganz einfach und wird Sie überzeugen.

Was der Beckenboden für die Schönheit macht

Stellen Sie sich für den Selbsttest nackt im Profil vor einen Spiegel. Test 1: Lassen Sie alles hängen, ganz bewusst alle Muskeln loslassen. Einfach nur alles loslassen. Ihnen gefällt, was Sie sehen? Sie Glückliche, von der Natur Bevorzugte. Es gefällt Ihnen nicht? Willkommen im Club der Normalsterblichen. Test 2: Spannen Sie das Gesäß von außen an mit aller Kraft. Begeistert vom Spiegelbild? Sie Glückliche … Der Po ist kastig und zeigt gar eine Delle? Der Bauch ist kurz und hart? Willkommen im Club der … Test 3: Entspannen. Aufrichten. Kronenpunkt nach oben, Scham- und Steißbein nach unten dehnen. Füße schön auf Großzehengrundgelenk und Ferse ausrichten, leicht im V und hüftweit. Nun ganz zart die Sitzbeinhöcker lang und zur Mitte ziehen. Nur das. Sitzbeinhöcker näher zueinander. Ah, die »Banane« zwischen Oberschenkel und Po verschwindet. Das, was Sie für Reiterhosen hielten, ist jetzt auch weg. Der Bauch bleibt flach, lang und gedehnt.

Nun haben Sie ein großes Lob verdient: So toll haben Sie bis hierher schon gearbeitet, dass Ihnen so ein filigraner Test mit der Tiefenmuskulatur gelingt! Denken Sie daran, wenn Sie sich bei den Übungen nicht in einem Spiegel sehen können: Die vermeintlich zarteste Empfindung tief im Körper hat äußerlich die größte Schönmachwirkung. Verkneifen Sie sich das Po-Anspannen.

Ein bisschen Anatomie muss sein

Zieht sich der Levator Ani zusammen, so zieht er alle tief liegenden Hüftmuskeln mit, also all jene Muskeln, die das Gesäß unterpolstern. Diese Hüftmuskeln sind direkt verbunden mit denen des Oberschenkels. Sie werden durch diesen Zug fast automatisch leicht ausgedreht. Dieses Ausdrehen wiederum dehnt die tief liegende Beckenmuskulatur, öffnet die Leisten, dehnt den Unterbauch. Fühlt sich an wie ein etwas eigenartig geschnittenes, stramm sitzendes Miederhöschen.

Bei Unsicherheit hilft der Test. Einfach in die äußeren Gesäßmuskeln kneifen und die verpackende Muskulatur entspannen. Nur am Ansatz des Popos und in der Mitte der hinteren Oberschenkel, da müssen Sie intensive Muskelaktivität spüren. Sehr schlanke, sportliche Frauen haben mit dieser Unterscheidung manchmal Mühe, der kleine Gesäßmuskel springt schnell an. Sind Sie mit der Form Ihres Popos zufrieden, so ist das in Ordnung. Nein? Der seitliche Knubbel stört Sie? Okay, zurück an den Anfang. Sitzbeinhöcker zueinander ziehen – und aufhören, bevor der Gesäßmuskel anspringt.

Die Vernetzung der Tiefenmuskulatur und die dadurch verstärkte Durchblutung des Bindegewebes und der Haut kann die Verbesserung von Dehnungs- oder Schwangerschaftsstreifen unterstützen. Garantieren kann ich es leider nicht. Manchmal reagiert die Haut schnell und nachhaltig auf das Training, manchmal dauert es lange, bis sich eine fühlbare, sichtbare Besserung der Streifen einstellt. Und manchmal geht gar nichts. Dafür sind unterschiedliche Faktoren verantwortlich: Veranlagung, das Tempo der Gewichtszunahme während der Schwangerschaft, Ernährung. Trockenbürsten, Kaltwassergüsse und Pflege mit reichhaltiger Crème unterstützen die Haut.

Brigitte D. (38 Jahre) bekam ihr erstes Kind im September 2000, das zweite im Juni 2002: »Schon nach der Geburt des ersten Kindes hatte ich Inkontinenzprobleme beim Reiten. Ich habe sie geflissentlich ignoriert, in der Hoffnung, diese Schwäche kuriere sich selbst. Falsch gedacht. Nach der Geburt des zweiten Kindes hörte ich auf meine Hebamme, fing bald nach der Geburt fleißig mit der üblichen Rückbildungsgymnastik an, ritt nicht und vertraute darauf, nach fünf Monaten endlich ohne Probleme wieder reiten zu können und das Thema Beckenboden wieder vergessen zu können. Noch mal falsch gedacht. Ich ließ eine urodynamische Untersuchung durchführen. Der Arzt stellte eine leichte Inkontinenz mit Vorwölbung der Blase fest. Als Therapie bekam ich eine Art Reizstromtherapie, die ich fleißig ein Jahr betrieb, mit eher geringem Erfolg, der nach Ende der Therapie auch wieder nachließ.

Meine Gynäkologin verschrieb mir Beckenbodentraining bei einem Physiotherapeuten, der nach der üblichen Methode arbeitet, Pobacken anspannen, Scheide hochziehen. Erfolg gering. Aufgrund einer Empfehlung aus dem Freundinnenkreis kaufte ich mir das Buch ›Tiger Feeling‹ von Benita Cantieni und suchte mir die passende Anleitung bei Erika Lenz in Osnabrück. Seitdem geht es wieder aufwärts. Nach eineinhalb Jahren ist mein Problem zwar noch nicht gänzlich behoben, aber ich gehe mit Freude wieder meinem Hobby Reiten nach. Und diesmal denke ich richtig: Beckenbodentraining bedeutet lebenslänglich. Sobald ich die Tiefenmuskulatur wieder vernachlässige, schwächt sie sich wieder. Ich baue den Levator Ani immer häufiger im Alltagsleben ein, beim Reiten spüre ich schon gewisse Automatismen. Ich war kurz davor, das Reiten ganz aufzugeben und an den Nagel zu hängen, aber ich hänge an diesem schönen Sport mit dem prachtvollen Tier, dem Pferd. Ich habe Frieden mit meinem Körper geschlossen, fühle mich wieder voller Kraft, habe keinerlei Rückenschmerzen mehr, und es tröpfelt beim Reiten immer weniger und immer seltener.«

Weg mit den Hüftpolstern

Das wird trainiert

▶ Aufspannung der Wirbelsäule, autochthone Muskulatur
▶ Beckenboden, Beckenmuskulatur, Psoas
▶ Außen- und Innenrotatoren
▶ Außenrotation Oberschenkel, Hüftgelenk
▶ Hüftmuskulatur, tiefe Gesäßmuskulatur, dadurch »Po-Lifting«
▶ Beinmuskulatur: Reiterhosen ade
▶ Beinachse, Fußhaltung

So wird's gemacht

Schritt 1

Sie benötigen für die nächsten drei Übungen ein Geländer oder ein Fenstersims oder einen Türrahmen zur Stabilisierung, ideal ist ein Türreck, das Sie in der richtigen Höhe einklemmen können. Aufrecht und in Armdistanz stehen, Füße hüftweit

Nutzen im Alltag

Beugt Beckenschiefstand vor. Die stabil in Muskulatur gebetteten Hüftgelenke und die Knie können bei Spiel, Sport, blitzartigen Rettungsaktionen des Kindes schnell und geschützt reagieren.

und leicht im V. Scham- und Steißbein nach unten, den Kronenpunkt im Gegenzug zur Decke dehnen, Bauchnabel zum Brustbein. Schultern nach außen unten setzen, Muskeln der Oberarme ausdrehen. Stange/Türe fassen.

Schritt 2

Sitzbeinhöcker näher zusammenziehen. Die linke Ferse nach links ziehen, ohne das Becken zu verschieben. Verbinden Sie die Ferse mit dem Beckenboden: Den linken Sitzhöcker mehr anziehen, die Ferse lang ziehen. Nun aus dem Beckenboden pulsieren: Sitzhöcker anziehen, etwas lösen, anziehen. Dieses Pulsieren hebt von selbst das Bein in einer kleinen, konzentrierten Bewegung leicht an. Zwölf Mal, auf 25 Mal steigern. (Bild A)

Schritt 3

Direkt aus Schritt 2: Das linke Bein anwinkeln, mit der linken Hälfte des Levator Ani pulsieren, indem Sie den Sitzbeinhöcker anziehen, etwas lösen, anziehen. Zwölf Mal, auf 25 Mal steigern. Achtung: Die Ferse steht immer näher als die Zehen! (Bild B)

Schritt 4

Seite wechseln. Position für die nächste Übung beibehalten.

So fühlt es sich an

Der untere Rücken ist lang und gedehnt,
die Leiste offen. Seitlich und hinten am
Oberschenkel scheint ein Stützstrumpf am
Werk zu sein. Der Popo hebt sich wie von
Geisterhand an – obwohl die Gesäßmus-
kulatur entspannt ist. Der Levator Ani
macht's, im Teamwork mit den Hüft- und
Beinmuskeln.

Bild B

Bild A

Her mit dem Knackpo

Das wird trainiert

▶ Aufspannung, Beckenstand
▶ Gleichmäßige Verteilung der Kraft auf alle Hüft- und Beinmuskeln
▶ Anhebung und Straffung des Gesäßes
▶ Straffung der Oberschenkelmuskeln

So wird's gemacht

Schritt 1

Im Vergleich mit Übung 1 den Abstand zur Stange etwas vergrößern. Festhalten. Das rechte Bein nach hinten ausstrecken. Das linke Bein beugen. Das Knie soll dabei exakt über der Ferse stehen, der Winkel von Unterschenkel zu Oberschenkel muss mehr als 90 Grad betragen. Das Scham- und das Steißbein zu der rechten Ferse dehnen, den Kronenpunkt in die Gegenrichtung, den Bauchnabel zum Brustbein. Schultern nach außen unten, die Muskeln der Oberarme ausdrehen. (Bild A)

Schritt 2

Diagonal atmen: Beim linken Sitzbeinhöcker ein, bei der rechten Schulter aus. Umgekehrt, beim rechten Sitzbeinhöcker ein, an der linken Schulter aus. Beim Ausatmen länger werden. Rechtes Bein ein paar Zentimeter anheben. Achtung, das Becken kippt nicht. Der untere Rücken

Bild A

muss lang und gedehnt bleiben. Pyramidalis hochziehen, er sichert die Position. Mit dem rechten Sitzbeinhöcker pulsieren, die gesamte Beinmuskulatur aktivieren, das rechte Bein hebt und senkt sich ein wenig. Zehn Mal. Auf 25 Mal steigern.

Schritt 3

Rechtes Bein anwinkeln. Fuß flex. Rechtes Knie fließt goldschwer zu Boden. Mit dem rechten Sitzbeinhöcker pulsieren, die muskuläre Kettenreaktion aus dem Becken zum Fuß und zurück wandern lassen. Zehn Mal, auf 25 Mal steigern. Achtung: Wer den Hintern aufpolstern will, hebt das Bein etwas höher. Zum Liften hängt das Knie schwer nach unten. (Bild B)

Bild B

Schritt 4

Entspannen. Grundposition aus Schritt 1 wieder schön aufbauen und mit dem linken Bein arbeiten.

kraftvoll vernetzt sich die gesamte Muskulatur. Der Popo hebt sich an und wird rund.

So fühlt es sich an

Das Stützstrumpf-Gefühl verläuft bei dieser Übung am hinteren Oberschenkel. Erschrecken Sie nicht, denn beim ersten Versuch kann es sich beinahe so anfühlen, als sei ein Muskelkrampf im Anzug – so

Nutzen im Alltag

Durch diese Übung erhalten Sie Kraft, Stabilität und mehr Ausdauer für alles, was Sie unternehmen. Stabilität im Becken. Schutz vor Beckenschiefstand und Kreuzschmerzen.

Kraft, aber bitte schlank

Das wird trainiert

▶ Psoas und Kniesehne werden gedehnt
▶ Die Bauchmuskeln werden mit den
Rückenmuskeln vernetzt und gedehnt
▶ Aufspannung für die autochthone
Rückenmuskulatur
▶ Dehnung für die vordere Oberschenkel-
muskulatur
▶ Beweglichkeit für Knie und Sprung-
gelenke

So wird's gemacht

Schritt 1

In Armdistanz vor der Stange stehen. Mit
der linken Hand festhalten. Körper aufspannen: Durch die Fersen ein- und durch
den Kronenpunkt ausatmen. Beim Ausatmen wachsen. Bauchnabel zum Brustbein.
Den rechten Fuß nach hinten anheben.
Mit der rechten Hand von innen fassen.
Sitzbeinhöcker zueinander ziehen, das
rechte Knie nach unten dehnen, bis Sie
über den vorderen Oberschenkel eine satte
Dehnung spüren. (Bild A)

Schritt 2

Drei Mal diagonal atmen, wie Sie es nun
bereits kennen, Seite wechseln. Die Oberschenkel stehen parallel.

Schritt 3

Variante: Fällt es Ihnen schwer, den Fuß
von innen zu fassen, nehmen Sie die
Außenseite in die Hand. Der Fuß soll entspannt sein. Wer die Sohle-bis-Scheitel-
Aufspannung anfangs beschwerlich findet,
kann den Oberkörper vorbeugen und das
zu dehnende Bein nach hinten strecken,

Bild A

gleichzeitig mit dem Standbein tiefer ins Knie gehen. (Bild B)

Schritt 4

Entspannen, Seite wechseln.

So fühlt es sich an

Dehnung: ja. Schmerz: nein. Je schöner Sie sich aufspannen, desto intensiver die Dehnung im vorderen Oberschenkel: fast als risse eine Seite. Sie spüren in der Leiste , wie sich der Hüftbeuger (Psoas) lang macht; es bildet sich eine kleine Mulde am Übergang des Oberschenkels zum Rumpf. Der untere Rücken ist lang und gedehnt.

Bild B

Wow, soviel Beckenbodenpower

Das wird trainiert

▶ Aufrichtung, Aufspannung
▶ Vernetzung der gesamten Becken-, Bauch-, Bein- und Rückenmuskulatur
▶ Straffung und Formung der Oberschenkel und des Gesäßes
▶ Dehnung Psoas
▶ Gleichgewicht, Koordination

So wird's gemacht

Schritt 1

Aufrecht stehen, die Füße und Knie hüftweit. Die linke Hand an die Stange. Das Gewicht gleichmäßig auf beide Beckenhälften verteilen. Der Kronenpunkt zieht nach oben, das Scham- und das Steißbein ziehen in die Gegenrichtung, bis alle Rumpfmuskeln gedehnt sind und Sie sich mindestens 5 cm größer fühlen. Die Schultern nach außen unten entspannen. Mit dem rechten Bein einen Schritt nach vorne machen.

Schritt 2

Den Oberkörper absenken, so weit es Ihnen möglich ist. Beide Knie bilden exakt einen 90-Grad-Winkel. Scham- und Steißbein noch mehr Richtung Boden verlängern, Kronenpunkt nach oben. Das linke Knie zieht ebenfalls nach unten. Jetzt die Sitzbeinhöcker kräftig zueinander ziehen und mit dieser »Hosenbodenkraft« den Körper wenige Zentimeter anheben. Den Beckenboden nicht ganz lösen, wieder absenken, aktivieren, anheben. Mit zehn Mal anfangen, auf 30 oder – wenn Sie den Popo knackig formen möchten – 50 Mal steigern. (Bild A)

Schritt 3

Direkt in die Dehnung: Das linke Bein durchstrecken, den Oberkörper aufrichten und pfeilgerade nach vorne beugen. Die Hände auf dem rechten Oberschenkel abstützen. Während Sie das linke Bein maximal eine Minute lang dehnen, mit den Sitzbeinhöckern pulsieren. So kann die Muskulatur während der Dehnung nicht erkalten. (Bild B)

Nutzen im Alltag

Die Übung fördert die Reaktionsfähigkeit bei allen Bewegungen und steigert die Kraft und Beweglichkeit. Durch die gleichmäßige Verteilung der Muskelaktivität auf alle Bein- und Hüftmuskeln werden die Gelenke geschützt und entlastet. Außerdem schenkt Ihnen das viel mehr Ausdauer bei jedem körperlichen Tun. Jedem.

Bild A

Bild B

Schritt 4

Entspannen und die Übung dann mit dem anderen Bein wiederholen.

So fühlt es sich an

Zwischen »Wow!« und »Ist das alles?« liegen bei dieser Übung lediglich Millimeter: Den Kronenpunkt nach oben, das Knie des hinteren Beines noch lotrechter nach unten fallen lassen, bis der »Stützstrumpf« den Oberschenkel umgarnt, bis sich die Leiste ganz lang und offen anfühlt und bis es an der Basis des Gesäßes vom Levator Ani »brennt«. Auch der Bauch muss sich dabei lang und gedehnt anfühlen. Dafür sind Schultern und Kopf schwerelos.

Falls Sie die Übung als Lunge oder Ausfallschritt aus dem Aerobic-Kurs kennen, ist die Verlagerung der Muskelaktivität von der Vorderseite der Oberschenkel auf die gesamte Tiefenmuskulatur eine ziemliche Herausforderung. Hören Sie sofort auf, sobald der Rectusmuskel vorne anspringt. Entspannen, neu aufbauen oder beim nächsten Training steigern.

Für die Hinterseiten

Das wird trainiert

▶ Die gesamte Rumpf-, Hüft-, Beinmuskulatur wird vernetzt
▶ Das Bewusstsein für die Aufspannung wird verfeinert
▶ Verbesserung der Feinmotorik
▶ Für die Schönheit: Formung des Popos und der Oberschenkel
▶ Begradigung der Beinachse
▶ Dehnung sämtlicher Bänder und Sehnen
▶ Dehnung Psoas, Gesäßmuskulatur

So wird's gemacht

Schritt 1

Bauchlage. Falls Sie noch stillen: Falten Sie die Decke unter dem Busen mehrfach, sodass die Brüste frei schweben. Sie können auch ein kleines Kissen unterlegen. Die Füße auf den Zehen ausrichten. Die Hände falten, die Arme über dem Kopf ausstrecken, mit gestreckten Armen die Schultern nach außen unten setzen, gleichzeitig Scham- und Steißbein Richtung Fersen und die Fersen vom Körper weg ziehen. Das ist eine kurze,

konzentrierte Übung zur Vorbereitung. Arme abstützen und den Oberkörper leicht anheben, gleichzeitig das Steißbein Richtung Fersen dehnen, das schützt den Rücken. (Bild A)

Schritt 2

Die Sitzhöcker zu den Fersen ziehen, bis der untere Rücken gedehnt ist. Den Bauchnabel zum Brustbein ziehen. Jetzt das rechte Bein vom Boden heben – nur so viel, wie es mit voll aktiviertem Beckenboden möglich ist. Den Fuß entspannt flex halten. Mit der rechten Seite des Beckenbodens pulsieren und das Bein mit diesem Puls ein wenig anheben, senken, anheben. Zehn Mal, dann auf 25 Mal steigern. Auf alle Fälle sofort aufhören, wenn der Beckenboden nicht mehr kann, denn dann ist der untere Rücken nicht mehr geschützt. (Bild B)

Bild A

Nutzen im Alltag

Die gleichmäßige Verteilung der Kraft vervielfältigt diese. Knie, Hüftgelenke und Kreuzbeingelenke werden in ein schützendes und stützendes Muskelnetz gebettet und machen gerne jede Bewegung mit.

Sohle bis zur Schulter. Falls Sie bei der Übung im Kreuz Schmerzen empfinden, haben Sie entweder die Aufspannung verloren oder Sie haben den Levator Ani losgelassen und das Bein zu hoch angehoben. Ziehen Sie in dem Fall sofort das Steißbein wieder lang und die Sitzbeinhöcker zur Mitte. Oder entspannen Sie, und bauen Sie die Übung neu auf.

Schritt 3

Das rechte Bein anwinkeln, den Fuß flex ausrichten. Den Oberschenkel nach außen rotieren lassen. Mit dem rechten Teil des Beckenbodens pulsieren, und gleichzeitig das Bein ganz leicht anheben und wieder senken. Wenn Sie den Dreh richtig heraushaben, geschieht dieses Heben und Senken fast von selbst. (Bild B)

Bild B

Schritt 4

Entspannen, aufspannen, anschließend mit dem linken Bein die Schritte 1 bis 4 der Übung wiederholen.

So fühlt es sich an

Sie haben den Eindruck, als stecke der ganze Körper in einem Stützstrumpf – von der

Bild C

Das hebt den Po sofort

Das wird trainiert

▶ Die gesamte Muskulatur von der Sohle bis zum Scheitel und zurück
▶ Stabilisierung des Beckenstandes
▶ Superstraffung für Oberschenkel und Popo
▶ Intensivdehnung des Psoas
▶ Außenrotation Hüftgelenke und Oberschenkel
▶ Stabilität Knie und Fußgelenke

So wird's gemacht

Schritt 1

Bauchlage wie in Übung 5. Haben Sie abgestillt, können Sie die Stirn auf einen kleinen Ballon legen. Die Arme liegen neben dem Kopf in U-Form oder sind seitlich angewinkelt. Stillen Sie noch, unterstützen Sie den Busen, indem Sie sich auf den Armen abstützen wie auf Bild A.

Schritt 2

Schultern nach außen unten, Oberarmmuskeln ausdrehen, Scham- und Steißbein Richtung Fersen, die Fersen vom Körper wegziehen. Nun die Fersen aneinander legen, die Knie seitlich auseinander ziehen. Pressen Sie die Fersen aneinander, um den Levator Ani zu aktivieren. Wer zu wenig spürt, öffnet die Knie noch weiter, bis Sie an der Basis des Popos eine eiserne Faust spüren. Die Popomuskeln sind entspannt, die Hüftmuskeln darunter werden vom Beckenboden stramm gezogen. (Bild B) Ist die Bauchlage für den Busen unangenehm, können Sie den Oberkörper aufrichten wie in Übung 5.

Bild A

Bild B

Schritt 3

Die Knie lang ziehen, die Fersen zusammenpressen und die Oberschenkel gegen den Widerstand des Beckenbodens vom Boden anheben. Wenn Sie diese Position korrekt aufgebaut haben, so sind das gerade einmal ein paar Millimeter, mehr nicht. Zehn Mal auf und ab. Falls die Spannung im Beckenboden verloren ging: Pressen Sie die Fersen wieder zusammen, und wiederholen Sie den Ablauf weitere zehn Mal.

Nutzen im Alltag

Durch diese Übung erhalten Sie Haltung, Kraft, Sicherheit für alle Lebenslagen. Außerdem beugen sie damit Kreuzbeinbeschwerden, Bandscheibenschäden, Ischiassyndrom etc. vor.

Schritt 4

Wenn Sie den Übergang von Oberschenkel zum Po liften möchten: Fersen zusammenschieben und nach hinten ziehen, in die Verlängerung des Beines. Auch diese Bewegung ist umso kleiner, je intensiver Sie die Spannung des Levator Ani halten können und je weiter die Knie gespreizt sind. Zehn Mal, dann auf 25 Mal steigern.

So fühlt es sich an

Der Stützstrumpf fühlt sich bei dieser Übung eher wie ein Schraubstock an. Sollten Sie Schmerzen im Kreuz spüren: Hören Sie sofort auf und bauen Sie die Grundspannung wieder auf. Möglicherweise schaffen Sie beim ersten Mal nur drei Puls-Wiederholungen. Doch keine Angst, diese drei wirken. Die Qualität ist entscheidend.

Pyramidale Geschmeidigkeit

Das wird trainiert

▶ Superdehnung für den Psoas
▶ Kniesehne
▶ Hüft- und Rückenmuskulatur
▶ Bauchmuskulatur
▶ Herausforderung für das Haltungsbewusstsein

So wird's gemacht

Schritt 1

Direkt aus Übung 6 in die Hocke, mit den Händen nach vorne laufen. (Bild A)

Schritt 2

Hände auf den Boden, nach vorne wandern. Kopf entspannt hängen lassen! Wenn Beine und Oberkörper ein schönes Dreieck bilden, anhalten. Schultern zurückschieben. Sitzbeinhöcker zur Decke strecken, die Fersen in den Boden schieben. Bauchnabel zum Brustbein, Schambein zur Decke dehnen. Während der Dehnung (60 Sekunden) mit dem Beckenboden pulsieren, damit die Muskulatur nicht erkaltet. (Bild B)

Schritt 3

Sitzbeinhöcker zur Decke, die Fersen nach unten dehnen, Rippen entspannen, Kopf entspannt hängen lassen, den Rücken lang ziehen, als wollten Sie ein Hohlkreuz machen. Arme und Kopf schwerelos nach unten hängen lassen. Alle Wirbel Richtung Kopf fließen lassen. Sitzhöcker nach hinten oben strecken, so weit es nur geht. Die Dehnung 60 Sekunden genießen, mit dem Beckenboden pulsieren. Entspannen.

Bild A

Nutzen im Alltag

Verhindert die Verkürzung der Achilles-
sehne und der Kniesehne, ist also eine
wunderbare Ausgleichübung, wenn Sie hin
und wieder gern Schuhe mit Absätzen
tragen.

Schritt 4

Falls Sie die Dehnung neu aufbauen: Po-
werposition im Stehen einnehmen. Füße,
Knie hüftweit auseinander, Scham- und
Steißbein ziehen nach unten, Kronenpunkt
nach oben, bis der ganze Torso aufgespannt ist. Hände verschränken, Arme
über dem Kopf ausstrecken, Schultern mit
gestreckten Armen nach außen unten setzen und so den Oberkörper weit und offen
machen. Etwas in die Knie gehen, und aus
den Hüftgelenken den Oberkörper in einer
geschmeidigen Bewegung senken.

Schritt 5

Mit den Händen zurückwandern, tief in
die Knie, Kronenpunkt hochziehen und
aufrichten.

So fühlt es sich an

Reizen Sie die Dehnung aus, keine Angst, es
reißen keine Sehnen! Sie können den Rücken aufspannen, bis Sie das Gefühl haben,
Ihr Kreuz sei hohl – was in dieser Position
gar nicht möglich ist. Die Dehnung soll an
den Kniesehnen, über den Sitzbeinhöckern
und den Hüften deutlich spürbar sein.

Bild B

Gut gestreckt

Das wird trainiert

▶ Grundaufspannung von Sohle bis Scheitel
▶ Dehnt Kniesehnen
▶ Hüftbeuger (Psoas)
▶ Beinmuskulatur
▶ Löst Spannungen im Rücken
▶ Stabilisiert das Becken, mobilisiert die
  Hüftgelenke

So wird's gemacht

Schritt 1

Grundposition in Rückenlage. Sitzbeinhöcker zum Boden ausrichten, ein Knie nach dem anderen zur Brust ziehen. Sitzbeinhöcker zusammenziehen. Aufmerksamkeit in rechte Ferse senden, rechtes Bein zur Decke strecken. Fuß bleibt dabei flex. Oberschenkel mit den Händen halten. Linken Fuß auf den Boden, Aufmerksamkeit in die linke Ferse und Bein am Boden entlang ausstrecken. Nabel zum Brustbein ziehen, um den Pyramidalis zu aktivieren. (Bild A)

Nutzen im Alltag

Gewinnen an Beweglichkeit, Verbesserung der Haltung, Schönheit, anmutige Bewegungen.

Schritt 2

Durch die Sitzbeinhöcker ein-, durch den Kronenpunkt ausatmen. Beim Ausatmen den Beckenboden lösen und das hochgestreckte Bein noch näher zur Brust ziehen, ohne den Rücken in den Boden zu drücken.

Schritt 3

Rechten Fuß über linkes Bein legen, Richtung linken Fuß gleiten, bis sich die Leiste öffnet. Durch die Sitzbeinhöcker ein- und die Beckenschaufeln ausatmen. Mindestens fünf Mal, dabei rechten Oberschenkel kraftvoll ausdrehen, Fuß aufgerichtet halten. Pulsieren Sie rhythmisch mit den Sitzbeinhöckern, kann die Muskulatur in der Dehnung nicht erkalten. (Bild B)

Schritt 4

Position lösen, Beine anwinkeln, Schritte 1 bis 3 mit der anderen Seite wiederholen.

So fühlt es sich an

Das Kreuz liegt weit und weich auf dem Boden. Im unteren Rücken spüren Sie eine sanfte Dehnung, ebenso in der Bauchmuskulatur. Beckenschaufeln sind weit, die Leisten offen und gedehnt. Achtung: Beide Gesäßhälften sollen am Boden auf- und die Beckenschaufeln gleichauf liegen.

Bild A

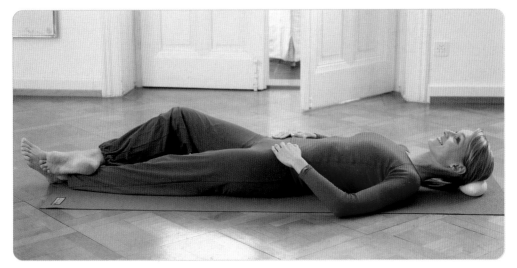

Bild B

Übung 1 / Grundspannung muss sein

Bild A

Bild C

Bild B

Übung 2 / Die Organe liften

Bild A

Bild B

Übung 3 / Kernkraft für Becken und Beine

Bild A

Bild B

Übung 4 / Biegsamkeit für den Rücken

Bild A

Bild B

Übung 5 / Da machen alle Muskeln mit

Bild A

Bild B

Übung 6 / Schaltstelle Becken

Bild A

Bild B

Übung 7 / Den Torso aufspannen

Bild A

Bild B

Übung 8 / Kern-Stabilität

Bild A

Bild B

Übung 9 / So ist der Rücken glücklich

Bild A

Bild B

Übung 10 / Der Beckenboden macht's

Bild A

Bild B

Übung 11 / Biegsam wie Bambus

Bild A   Bild B   Bild C

Übung 12 / Aufspannung total

Bild A   Bild B

Übung 1 / Lang und leicht werden

Bild A

Bild B

Übung 2 / Da freut sich der Unterbauch

Bild A

Bild B

Übung 3 / Ein Korsett aus Muskeln

Bild A

Bild B

Übung 4 / Bauch liebt Schönbein

Bild A

Bild B

Übung 5 / Bauchstraff-Wunder

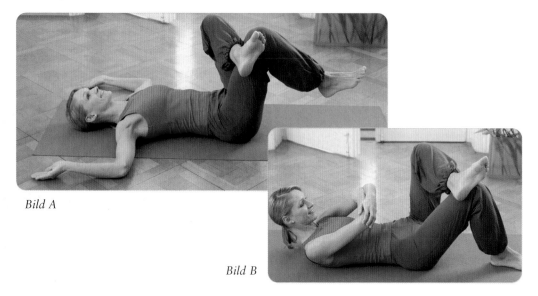

Bild A

Bild B

Übung 6 / Bauch braucht Abwechslung

Bild A

Bild B

Übung 7 / Ironwoman

Bild A

Bild B

Übung 8 / Bauchdehnung

Bild A

Bild B

Übung 1 / Schultern, setzt euch

Bild A

Bild B

Übung 2 / Der natürliche Push-up

Bild A

Bild B

Übung 3 / Wie Anspannen entspannt

Bild A

Bild B

Übung 4 / Beweglichkeit macht schön

Bild A

Bild B

Übung 5 / Halslang und Nackenfrei

Bild A

Bild B

Übung 6 / Formt Arme und Schultern

Bild A

Bild B

Übung 7 / Arme lieben Kraft

Bild A

Bild B

Übung 8 / Verleiht Flügel ...

Bild A

Bild B

Übung 1 / Weg mit den Hüftpolstern

Bild A *Bild B*

Übung 2 / Her mit dem Knackpo

Bild A *Bild B*

Übung 3 / Kraft, aber bitte schlank

Bild A

Bild B

Übung 4 / Wow, so viel Beckenbodenpower

Bild A

Bild B

Übung 5 / Für die Hinterseiten

Bild A

Bild B

Bild C

Übung 6 / Das hebt den Po sofort

Bild A

Bild B

Übung 7 / Pyramidale Geschmeidigkeit

Bild A

Bild B

Übung 8 / Gut gestreckt

Bild B

Bild A

Die Hintergründe der CANTIENICA®-Methode

Die CANTIENICA®-Methode basiert auf anatomischen Grundsätzen, die sich an jeden Menschen individuell anpassen lassen. Das Prinzip der Methode ist relativ einfach: Die Knochen und Gelenke werden in die ursprünglich von der Natur vorgesehene, optimale Anordnung gebracht. Durch diese Aufspannung und Ausrichtung werden automatisch auch die skeletthaltenden Muskeln aktiviert und in die optimale Grundspannung gebracht. Die gesamte Muskulatur vibriert in einem Vitaltonus, der Körper ist in Bewegungsbereitschaft.

Die konsequente Vernetzung verfeinert die Kommunikation zwischen Muskeln, Sehnen, Bändern, Faszien, Nerven und Knochen. In einem gesunden, elastischen, kraftvollen Muskelverbund behindern sich Knochen und Gelenke niemals gegenseitig in ihrer Bewegungsfreiheit, sondern arbeiten im Gegenteil im Sinne einer Kettenreaktion frei und unbeschwert zusammen.

Zu diesem Verbund gehören alle Muskeln des Körpers. Zentral sind:

▶ Beckenboden- und Beckenmuskulatur
▶ Rückenmuskulatur
▶ Hüftmuskulatur
▶ Bauchmuskulatur
▶ Rippen- und Brustmuskulatur
▶ Brustkorb, Schultern

Muskelfasern sind wie Kabelleitungen im Körper, sie transportieren Energie bis in die äußersten Spitzen des Körpers, Fingerspitzen und Zehen. Muskeln, die unentwegt in Bewegung sind, stimulieren die Nerven. Nerven, die unentwegt durch die umliegenden Muskeln stimuliert werden, halten ihrerseits das Gehirn auf Trab, es schüttet eifriger Wohlfühlhormone aus als ein träger Körper.

Anatomisches Glossar

Hier finden Sie die anatomischen Hintergründe in Form eines praktischen Glossars von A bis Z, damit Sie leicht und bequem nachschlagen können, wenn Sie etwas nicht wissen oder bestimmte Zusammenhänge besser verstehen möchten. Natürlich ist es nützlich, das anatomische Glossar zunächst ganz zu lesen, bevor Sie mit den Übungen beginnen, es ist indes nicht notwendig, um die Beschreibungen umzusetzen.

Arme, Beine

In der anatomischen Idealhaltung liegt die Oberarmkugel frei unter dem Schulterdach. Der offene Gelenkspalt ermöglicht es dem Arm, sich in alle Richtungen frei zu bewegen. Von dieser Freiheit profitieren alle Gelenke des Armes (Ellbogen, Handgelenk, Fingergelenke). Der gesunde Arm ist immer »verschraubt«: Ein Großteil der Unterarm-Muskulatur rotiert beim gerade und locker nach unten hängenden Arm nach innen, die Muskulatur des Oberarmes rotiert gleichzeitig nach außen und dehnt dadurch die Muskeln am gesamten Arm. Durch diese Verschraubung erhält der Arm Stabilität, Kraft und Beweglichkeit.

Das menschliche Bein funktioniert nach dem gleichen Prinzip wie der Arm: Gesund und beweglich ist es, wenn der Oberschenkelkopf frei in der Hüftgelenkpfanne liegt und diese Freiheit bei jeder Bewegung erhalten bleibt. Der offene Gelenkspalt des Hüftgelenkes sichert auch die gesunde Beinachse: Die Hauptmuskeln des Unterschenkels rotieren nach innen, jene des Oberschenkels nach außen. Sie dehnen so die gesamte Hüftmuskulatur (siehe auch Hüftmuskulatur) und unterstützen die Beweglichkeit der Hüftgelenke und des Beckens (siehe auch Becken, siehe auch Hüftmuskeln). Von dieser natürlichen Verschraubung profitiert das Knie enorm, es ist befreit von jedem Druck und jeder Reibung. Auch die Sprunggelenke, das Fersenbein, die vielen kleinen Fußgelenke werden komplett entlastet. Die möglichen Folgen verloren gegangener Verschraubung kennen Sie alle: Drehen Oberschenkel und Unterschenkel nach außen, entstehen O-Beine, dreht beides nach innen, sind X-Beine das Resultat.

In vielen CANTIENICA®-Übungen wird diese gegenläufige Verschraubung der Arme und der Beine bewusst trainiert.

Atlas, Axis

Der Atlas ist der oberste Wirbel der Wirbelsäule; anatomisch genau ausgedrückt ist er eigentlich ein Gelenk: das Kopfgelenk. Er verbindet das Hinterhaupt mit dem Axis; so heißt der zweite Halswirbel. Er sichert den Atlas ab und hilft dem Kopf bei Dreh- und Wendebewegungen (siehe auch Wirbelsäule).

Aufrichtung, Aufspannung

Der aufrechte Gang des Menschen ist kein Irrtum der Natur, sondern eine Glanzleistung. Wird die Wirbelsäule vollkommen aufgespannt, so hat sie ihre ideale, sanfte Schwingung. Die Bandscheiben zwischen den Wirbelkörpern haben Raum und können ihre Pufferfunktion erfüllen. Sehr wichtig: In dieser optimalen Aufrichtung sind sämtliche (über 200) autochthone Muskeln aktiv und bilden ein Muskelfutteral für die Wirbelsäule, das sie gleichzeitig schützt und stützt und beweglich macht.

Die lebenslange Aufspannung verhindert, dass der Mensch im Alter schrumpft. Dadurch werden alle durch diesen Schrumpfungsprozess ausgelösten Abnützungen und Krankheiten, wie Bandscheibenschäden, Wirbelsäulenverkrümmungen, Arthrosen, Osteoporose etc. vermieden (siehe auch Autochthone Rückenmuskulatur).

Außenrotation

In der gesunden anatomischen Grundhaltung rotieren die Muskeln der Oberarme und der Oberschenkel in der natürlichen Grundposition (Füße leicht V und hüft-

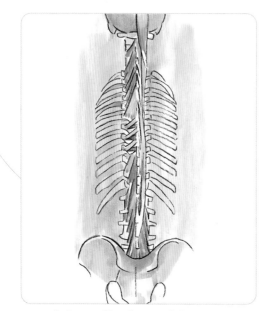

200 fleißige Helfer: die autochthone Rückenmuskulatur.

weit auseinander, Beine gerade, Becken und Brustkorb aufgerichtet, Wirbelsäule gedehnt, Schultern locker, Arme seitlich hängend) nach außen. Das sichert den Extremitäten und ihren Gelenken ihre Stabilität und gleichzeitig ihre geschmeidige Beweglichkeit (siehe auch Arme, Beine).

Autochthone Rückenmuskulatur

Unter der Bezeichnung autochthone Rückenmuskulatur werden im Allgemeinen über 200 kleine Rückenmuskeln zusammengefasst, die für die seitlichen, für die diagonalen, für die Längs-, Vor- und Rückwärtsbewegungen der Wirbelsäule zuständig sind.

Außerdem halten die autochthonen Muskeln die Wirbel und Bandscheiben auseinander. Über den vielfach gespaltenen Muskeln ist die Wirbelsäulenmuskulatur mit der Beckenmuskulatur vernetzt. Am Nacken sind die autochthonen Muskeln mit den Kopfträgermuskeln verbunden. In schlampiger Haltung, zusammengesunken, sind diese vielen kostbaren Muskeln inaktiv. Durch chronische Fehlhaltung können sie auch verkümmern.

Becken

Das knöcherne Becken bildet die Mitte und das Fundament des aufrechten menschlichen Körpers und wird aus drei

Knochen gebildet: zwei Beckenkämmen –
dem Darmbeinkamm, vorne verbunden
durch die Symphyse, und dem Kreuzbein
(Os Sacrum, siehe auch Kreuzbein), das
aus fünf, zu einem stabilen Knochen zu-
sammengewachsenen, Wirbeln besteht.
Das weibliche Becken ist weniger hoch als
das männliche, breiter und eher herzför-
mig, die Beckenknochen bilden in der optimalen Haltung eine weite V-Form. Das
männliche Becken bildet ein schmaleres V.

In der CANTIENICA®-Methode für Körperform & Haltung steht die absolute
Auf- und Ausrichtung des Beckens im
Zentrum, denn der Beckenstand entschei-
det über die Haltung des gesamten Körpers. Wird es vor- oder zurückgeschoben,
egal wie wenig, so zieht diese Verschie-
bung auch die Wirbelsäule und den Brustkorb mit. Das gesunde, bewegliche Becken
ist Voraussetzung für gesunde Hüftgelenke, eine flexibel aufgespannte Wirbelsäule und den mühelos »aufgehängten«
Brustkorb, es unterstützt alle großen Gelenke (Fußgelenke, Knie, Hüftgelenke,
Wirbel, Schultergelenke) in ihrer reibungs-
losen Funktion.

Beckenbodenmuskulatur

Das knöcherne Becken wird unten von einem raffiniert verwobenen Muskelteppich
zusammengehalten. Diese Beckenbodenschicht entwickelte sich durch die Bedürf-

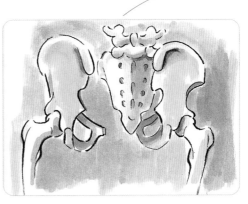

*Das menschliche Becken besteht aus drei
sehr beweglichen Teilen und ist viel flexibler
als wir meinen.*

nisse des aufrechten Ganges. Aus der
Bauchwand musste ein tragfähiger Bauch-
boden werden. Der Zuschnitt der Muskulatur ist jenem der vierbeinigen Wirbeltiere zwar noch sehr ähnlich, aber die
Funktionen haben sich ganz verändert.

Die drei Schichten des Beckenbodens

1. Die äußere Schicht

Die äußerste Schicht umschließt bei der
Frau schlingenförmig die Vagina, den Ausgang der Harnröhre und den Anus, beim
Mann die Harnöffnung, den Samenleiter
und den Anus. Sie ist am Damm (Peri-
neum) mit der mittleren und der inneren
Schicht verbunden und wird daher immer
mittrainiert, wenn die großflächigen inneren Schichten aktiviert oder bewusst ent-

spannt werden. Übertraining der äußersten Schicht kann bei Frauen zu Verkrampfung der Scheide führen, bei Männern und Frauen Hämorrhoiden auslösen oder verstärken.

2. Die mittlere Schicht

Die mittlere Schicht erstreckt sich wie ein dreieckiges Trampolin von Hüftgelenk zu Hüftgelenk. Vorne ist sie mit dem Schambein verbunden, am Damm mit der äußersten und der innersten Schicht.

Am anatomisch perfekt auf- und ausgerichteten Becken lässt sich diese mittlere Schicht leicht aufspüren und einsetzen. Sie spielt für die Stabilität des Beckens eine große Rolle und sichert lebenslang die Gesundheit der Hüftgelenke, indem sie den unteren Rahmen des Beckens eng und das Becken in V-Form hält.

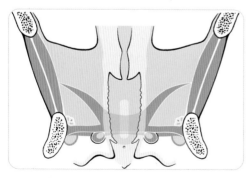

Die schematisierten Strukturen des weiblichen Beckens: Der Levator Ani bildet die aufsteigende Schale.

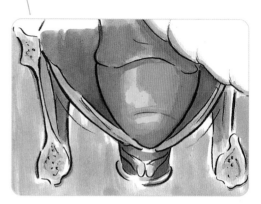

Die Muskulatur des Levator Ani »in Aktion«, als mehrteilige Schale, die Organe des Unterleibes schützend und stützend.

3. Die innere Schicht

Die innerste Beckenbodenschicht ist flächenmäßig die größte und erstreckt sich fächerartig vom Kreuzbein zu den seitlichen Beckenknochenrändern, zu den Sitzbeinhöckern, zur Gelenkspfanne der Hüften und nach vorne zum Schambein. Ein Teil dieser inneren Schicht bildet den Levator Ani, den Anusheber. Ist der Levator Ani kräftig und trainiert, trägt er wie eine Schale die Organe des Unterleibes, vorab den Darm. Ist er erschlafft, hängt er durch.

Am Damm ist diese innerste – und nach dem Stand der derzeitigen Forschung wichtigste – Beckenbodenschicht mit der mittleren und der äußeren Schicht verbunden, der »Stiel« zur Schale liegt unter dem Sphinkter. Die innerste Schicht ist symmetrisch angelegt und kann sowohl links als auch rechts, unabhängig voneinander, aktiviert und beansprucht werden. Diese Schicht reagiert auf jede Bewegung der beiden Beckenhälften und spielt daher eine wichtige Rolle beim beckengerechten Gehen.

Beinachse, Verschraubung

Durch die Stellung der Füße und das Aufrichten des Beckens kommen die Beine in die ideale Achse: Ferse, Knie und Hüftgelenk liegen auf einer geraden Linie. In dieser Haltung können sich die Muskeln des Beines anatomisch ideal »verschrauben«: Am Unterschenkel ziehen die Muskeln nach innen, am Oberschenkel nach außen (siehe auch Arme, Beine). Das entlastet die Gelenke (Knie, Sprunggelenk, Hüftgelenk, Kreuzbeingelenk), stabilisiert die Beinachse und stattet den »Hebel« Bein mit Kraft aus.

Geht diese Verschraubung dem Beingedächtnis verloren, drehen sich beispielsweise alle Muskeln nach außen, so entstehen O-Beine mit allen Folgeschäden für die Gelenke; rotieren alle Beinmuskeln nach innen, bilden sich die bei Frauen häufigen X-Beine.

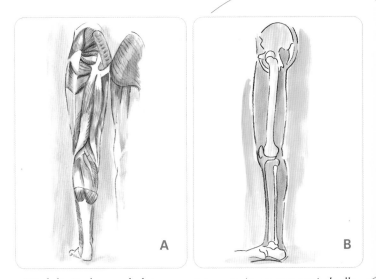

Wird die Beckenmuskulatur vernetzt, so springen automatisch alle Hüft- und Oberschenkelmuskeln in Aktion, die unter dem Gesäß liegen (A). Davon profitieren Hüftgelenk, Knie, Beinachse (B).

Brustkorb aufrichten

Wie oben, so unten: Hängt der Oberkörper, kippt auch das Becken. Und umgekehrt. Schulterprobleme gehen fast immer mit einem eingefallenen oder aufgeplusterten Brustkorb einher. Das Brustbein (Sternum) sinkt ein. Die Rippen werden nach unten gezogen, die Zwischenrippenmuskeln erschlaffen. Dieser Zug verkürzt mit der Zeit das Schlüsselbein (Clavikula), was wiederum das Schulterdach (Acromion) und das Schulterblatt (Scapula) mitzieht. Die gesamte Muskulatur an Hals und Brust erschlafft und verkürzt. Im Gegenzug werden die Muskeln des Na-

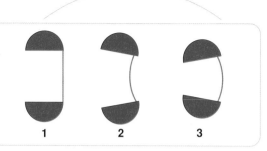

| 1 | 2 | 3 |

1 Becken und Brustkorb am aufgerichteten Körper,
2 Becken und Brustkorb klaffen auseinander,
3 Becken und Brustkorb eingeknickt.

ckens und des oberen Rückens überdehnt und überfordert, was zu chronischen Verspannungen (Nacken, Rücken, Migräne) führt. Der Stand des Brustkorbes ist immer vom Stand des Beckens abhängig, auch im Liegen.

Damm

Siehe Beckenbodenmuskulatur.

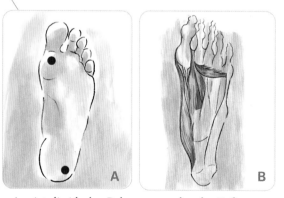

A zeigt die idealen Belastungspunkte des Fußes an Ferse und Großzehengrundgelenk,
B die wertvollen »Sohlenmuskeln«.

Fußhaltung

Die Füße stehen immer so, dass sich die Fersen etwas näher sind als die Zehen, in einer angedeuteten V-Haltung. In dieser Fußposition – und nur in dieser – steht auch das knöcherne Becken V-förmig: oben weit, unten schmal. Es können sich die Tiefenmuskeln ideal vernetzen, der Beckenboden kann die Muskeln des Oberschenkels in die optimale Vernetzung bringen. In dieser Haltung »verwachsen« das Großzehengrundgelenk und der Mittelpunkt der Ferse mit dem Boden. Kleinzehe und Großzehe stehen sich möglichst nahe, der Mittelfuß hebt sich leicht an. So ist auch die Feinmuskulatur an der Fußsohle vernetzt und aktiv (Musculi Adductor Hallucis, Caput Transversum, Flexor Hallucis, Flexor Digitorum Longus etc.).

Fußhaltung flex

Der Begriff kommt aus dem Ballet und ist in den Fitnessstudios gebräuchlich: Der Fuß steht im natürlichen rechten Winkel zum Bein. Achten Sie darauf, dass der Fuß gleichzeitig entspannt ist, die Zehen weder angezogen noch hochgestreckt werden. Ideal stehen das Großzehengrundgelenk und die Ferse auf gleicher Höhe. Sie können die ideale Fußhaltung auch am Fersenbein ablesen: Immer, wenn die Querlinien auf dem Fersenbein gerade stehen, ist Ihr Fuß perfekt »geflext«. Das Gegenstück zu flex ist point: Fuß und Zehen voll durchstrecken, wie in Ballettschuhen.

Gluteus-Muskeln

Die äußeren Gesäßmuskeln, Musculi Gluteus Maximus, Gluteus Medius, Gluteus Minimus. Bei den Übungen in diesem Buch werden die Gesäßmuskeln nie absichtlich angespannt, denn das schränkt die Ausdehnung der Hüft- und Beckenmuskeln unter dem Gesäß ein und verändert außerdem den Beckenstand.

Grundtonus

Ich verwende die Bezeichnung für die »Vitalspannung« der gesunden Muskulatur am aufgespannten Körper. Diese Grundspannung können Sie bei Kleinkindern gut beobachten: Sie haben in allem und bei allem, was sie tun, eine dynamische Grundspannung, die vor Lebendigkeit vibriert und gar nicht anders kann, als das zu tun, wofür sie geschaffen ist: sich zu bewegen.

Hüftmuskeln, Pomuskeln, Gesäß

Die Hüftmuskeln sind direkt mit der Muskulatur des Beckens (siehe auch Beckenboden) verbunden. In der anatomisch gesunden Beinachse mit gegenläufig verschraubter Muskulatur an Unter- und Oberschenkel sind die Hüftmuskeln kräftig und geschmeidig und schützen die

Kreuzbeingelenke und die Hüftgelenke vor Abreibung der Knorpelschichten.

Kronenpunkt

Kronenpunkt nenne ich den empfindlichsten Punkt auf dem Schädeldach, den Schnittpunkt der drei großen Schädelknochen (Fontanelle, Lambda), in der exakten Verlängerung der Halswirbelsäule. Bei perfekter Aufspannung würde an diesem Punkt das Rückenmark aus dem Kopf treten.

Kreuzbein, Kreuzbeingelenke

Zwischen dem untersten Lendenwirbel und dem Steißbein sind fünf Kreuzwirbel samt Bandscheiben zu einem breiten Knochen verwachsen. Durch seitliche Löcher treten die Nerven aus. Zusammen mit den Beckenschaufeln bilden die Seitenränder des Kreuzbeines zwei so genannte Wackelgelenke, die von kreuz und quer verstrebten Bändersehnen geschützt und gestützt werden. Diese beiden Gelenke können über die vernetzte Beckenmuskulatur unabhängig voneinander bewegt werden. Wer diese Beweglichkeit bewusst fördert und einsetzt, kann das Becken lebenslang beweglich erhalten (siehe Becken).

Levator Ani

Siehe Beckenbodenmuskulatur

Multifidus-Muskel

Siehe autochthone Muskulatur.

Pulsieren

Ein Fantasiebegriff für die klitzekleinen und dreidimensional vernetzten Bewegungen bei den CANTIENICA®-Übungen: Ungefähr im Rhythmus des eigenen Herzschlages werden die bezeichneten Muskelgruppen angespannt und verknüpft, verschraubt, vernetzt. Von dieser Mikroaktivität profitieren alle Muskeln, alle Sehnen, alle Bänder, alle Faszien, alle Gelenke, alle Wirbel. Das Resultat ist ein stabiler, aufgerichteter, kraftvoller und beweglicher Körper, der bereit ist für jede Sportart, zum Tanzen, Schwimmen, Laufen, Surfen, mit den Kindern Spielen und Herumtollen oder was immer Ihnen Spaß macht. Die komplett vernetzte Muskulatur schützt Sie und Ihren Körper vor Verletzungen, verbessert und beschleunigt Ihre Reaktionsfähigkeiten – auch für den anspruchsvollen Alltag mit kleinen Kindern.

Pyramidenmuskel

Der Musculus Pyramidalis ist ein kleiner, pyramidenförmiger Muskel, der genau am Oberrand des Schambeines entspringt und ungefähr eine Handbreit über dem Schambein endet. Der kleine Muskel verbindet und vernetzt die Muskulatur des Beckenbodens mit jener der vorderen Bauchwand. Er spielt bei der Auf- und Ausrichtung des Beckens eine wichtige Rolle. In herkömmlichen Beckenboden- und Haltungstrainings ebenso wie in den vielen Rückenschulen wird der Pyramidalis als verbindende Kraft unterschätzt – oder meist gar nicht erwähnt.

Schambein

Os Pubis, Symphysis Pubica. Bezeichnet den vorderen Rand des knöchernen Beckens, es lässt sich unter dem Schamhaar gut ertasten. Die Knochen der linken und der rechten Beckenhälfte sind nicht aus einem Stück, sondern werden von der so genannten Schambeinfuge (Symphyse) zusammengehalten. Bei vielen Übungen dient das Schambein als Referenzpunkt

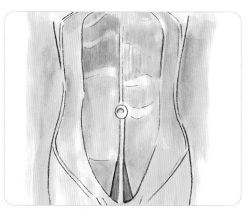

Der rot eingezeichnete Pyramidenmuskel verbindet den Beckenboden mit dem Bauch.

für die Aufrichtung des Beckens, meistens zusammen mit dem Steißbein (siehe auch Becken).

Schultern setzen

Wenn Becken, Wirbelsäule, Brustkorb richtig sitzen, können die Schultern loslassen, können sich entspannen: Das Schulterdach (Acromion) steht frei über dem Oberarmkopf (Caput Humeri), das Schultergelenk besitzt seinen natürlichen Gelenkspalt. Der Arm erhält dadurch mehr Kraft und Gelenkigkeit, sämtliche Knochen und Gelenke werden entlastet. Die Schlüsselbeine stehen waagerecht, das Sternum ist aufgerichtet, die Muskulatur des Halses ist natürlich gedehnt.

Sitzbeinhöcker

Am unteren Rand bildet das Becken zwei Ringknochen, die Sitzbeine oder Sitzbeinhöcker (Tuber Ischiadum). Sie sind einfach aufzuspüren: in der Mitte der horizontalen Falte unter dem Gesäß. Wenn Sie sich aufrecht auf einen harten Hocker setzen, spüren Sie die beiden Sitzbeinhöcker direkt. Jede Bewegung dieser beiden Knochenhöcker hat Auswirkungen auf die inneren Hüftmuskeln. Werden die Sitzbeine näher zusammengezogen, dehnen sich die Hüftmuskeln, die das Becken mit dem Oberschenkel verbinden. Umgekehrt verkürzen sich die Hüftmuskeln, wenn die Sitzbein-

höcker auseinander gezogen werden. Auch die Hüftbeuger (Iliopsoas) reagieren auf jede Aktivität der Sitzbeinhöcker/Beckenhälften. Die Muskulatur des Beckens, des Beckenbodens und der Hüften ist außerdem direkt mit den Beinmuskeln vernetzt. Im CANTIENICA®-Beckenbodentraining werden die Sitzbeinhöcker als Referenzpunkte für die innere, größte Beckenbodenmuskelschicht (siehe auch Beckenbodenmuskulatur) genutzt. Über diese Sitzbeinhöcker können Sie diese stabilisierende »Fundamentmuskulatur« jederzeit und überall bewusst einsetzen: Jedes Mal, wenn Sie einen oder beide Höcker bewusst bewegen, haben Sie die Beckenmuskulatur aktiviert.

Steißbein

Der verknöcherte Schwanz des Menschen. Weil wir nach unserer Aufrichtung auf zwei Beine nichts mehr zum Wedeln brauchten, wuchsen die untersten fünf Wirbel zum Steißbein zusammen. Meistens krümmt sich das Steißbein am unteren Ende leicht nach innen. Bei Geburten kann es zu Verschiebungen des Steißbeines kommen. Über die Beckenbodenmuskulatur und die Aufspannung der Wirbelsäule kann es wieder in Form und Haltung gebracht werden. Es dient mit den Sitzbeinhöckern und dem Schambein zusammen als Orientierungspunkt für die perfekte Aufrichtung des Beckens (siehe auch Becken).

Vernetzung

Am Rücken vernetzt sich die innere Beckenbodenschicht mit den »vielfach gespaltenen Muskeln«, dem Darmbein-Rippenmuskel, die beide wiederum direkt mit der so genannten autochthonen Rückenmuskulatur (siehe auch autochthone Rückenmuskulatur) verbunden sind: rund 200 kleinen Muskeln, die jeden Wirbel der Wirbelsäule schützen, stützen und beweglich machen.

Am Bauch: Durch die perfekte Ausrichtung des Beckens werden die so genannten tiefen Bauchmuskeln perfekt genutzt und eingesetzt. Via Pyramidenmuskel wird der Beckenboden vorne an der Bauchwand mit den äußeren Bauchmuskeln verbunden.

Unter den Gesäßmuskeln besitzt der menschliche Körper ein Set von Powermuskeln, das über den Beckenboden aktiviert und eingesetzt werden kann. Die Hüftmuskeln sind wiederum innigst mit der Oberschenkelmuskulatur verbunden und ziehen diese bei jedem beckenbodengesteuerten Schritt »automatisch« mit.

Wirbelsäule, 24-Stunden-Aufspannung

Die Wirbelsäule besteht aus 24 Wirbeln: 7 Halswirbel, 12 Brustwirbel, 5 Lendenwirbel. Als Knochen wie lose Bauklötzchen aufeinander gestapelt ist die Wirbelsäule eine hilflose Konstruktion. Erst die so genannte autochthone Muskulatur macht die Wirbelsäule stark, beweglich, flexibel und aufrecht. Die autochthone Muskulatur besteht aus über 200 kleinen Muskeln. Sie schützen und stützen die Wirbel nach links und rechts, nach oben und unten, jeder einzelne Wirbelkörper ist auch noch seitlich diagonal mit den Nachbarwirbeln verstrebt. Wie die Beckenbodenmuskulatur wird auch die autochthone Muskulatur im normalen Alltag sehr vernachlässigt. Herkömmliches Fitnesstraining bearbeitet in den meisten Fällen ausschließlich die äußeren Muskelgruppen, also alle großen, von außen sichtbaren und tastbaren Muskeln, und selten die für das gesunde, leistungsfähige Skelett so wichtige Tiefenmuskulatur.

Die Aufspannung durch die autochthone Muskulatur wird von vielen anfangs als anstrengend empfunden. Diese Anstrengung verliert sich, sobald die Muskeln, die für diese Aufgabe gemacht sind, wieder kräftig genug sind. Das dauert ein paar Tage, wenn Sie ungeduldig sind und die »neue« anatomische Haltung möglichst schnell in den Alltag einbauen.

Zwerchfell

Wie ein Himmel oder ein Dach spannt sich das Zwerchfell unter den Rippen auf.

Es ist eine sehr dehnbare, elastische Muskel-Sehnenplatte. Diese Muskel-Sehnenplatte bewegt sich beim Atmen, dehnt die Rippen aus, sodass die Lungenflügel sich mit Luft füllen und vergrößern können.

Das Zwerchfell ist mit dem seitlichen Bauchmuskel verbunden, am Rücken mit den Hüftbeugemuskeln Psoas major und Psoas minor. Vorne kommt das Zwerchfell hinter dem Brustbein mit vielen kleinen Zwischenrippenmuskeln und dem sternförmig (diagonal) angelegten Thoraxmuskel. Wird das Zwerchfell, wie in vielen Atemtechniken immer noch üblich, beim Einatmen bewusst nach unten gesenkt oder gar gepresst, so entsteht Druck auf die Organe. Wird nicht bewusst dagegen gehalten, schwächt der Druck auch die Beckenbodenmuskulatur (siehe auch Levator Ani), schiebt sie nach unten und »öffnet« sie. Bei großem Atemdruck wie beim Husten, Lachen und Niesen ist dieser Druck deutlich spürbar. Spontaner Urinabgang bei heftigem Husten oder Lachen und plötzlichem Niesen ist Folge dieses Drucks. Anatomisch sinnvoll dehnt sich das Zwerchfell daher radial aus, es schafft mehr Volumen durch die Ausdehnung in alle Richtungen, wie eine sich ausdehnende kreisrunde Kuppel. Die enorme Elastizität der untersten (fliegenden) Rippen mit ihren Knorpelanschnitten ermöglicht es den Lungenflügeln, sich seitlich optimal auszudehnen. Die Organe, die

über dem Zwerchfell liegen, werden durch die Ausdehnung und Entspannung massiert. Die Organe unter dem Zwerchfell sind geschützt; sie erhalten indes ebenfalls eine »Atemmassage« durch die regelmäßige Aufspannung und die gleichmäßige Ausdehnung der Rumpfmuskulatur. Während einer Schwangerschaft schützt diese Atmung auch den Raum des heranwachsenden Kindes und bewahrt es vor pränatalen Haltungsschäden.

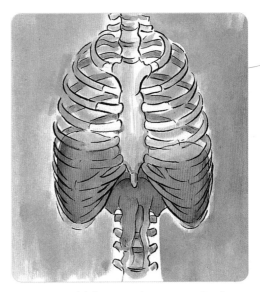

Das Zwerchfell: Am aufgespannten Rücken und Rumpf dehnt sich das Zwerchfell wie ein Fallschirm aus, dehnt die Rippen seitlich aus und verschafft so den Lungen Ausdehnung zum Sauerstofftanken.

Register

Die besten CANTIENICA®-Adressen

Gold

Mitglieder des CANTIENICA®-Qualitäts-Club-Gold haben sämtliche CANTIENI-CA®-Bausteine durchlaufen und mehrere Aus- und Weiterbildungen persönlich absolviert und unterrichten die Methode seit mindestens 5 Jahren oder mehr (Stand März 2006).

Silber

Silber erhalten im CANTIENICA®-Qua-litäts-Club alle Mitglieder, die mindestens 3 Original-Diplomkurse absolviert haben. Silber ist Voraussetzung, um ein CANTIE-NICA®-Studio zu führen (Stand März 2006).

Adressliste Anbieter
CANTIENICA®
Qualitätsclubmitglieder
Schweiz Internationale
Telefonvorwahl
Schweiz 0041

Gold

Benita Cantieni
CANTIENICA®-Studio Zürich
Seefeldstrasse 215
8008 Zürich
T. 044 422 35 24
E. studio@cantienica.com
H. www.cantienica.com

Bärbel Brauchli
Centrum für Beweglichkeit
Bahnhofstrasse 15
8253 Diessenhofen
T. 052 741 43 56
E. info@lochers-centrum.ch
H. www.lochers-centrum.ch

Bettina Dlabek-Kubli
Wellness Center Wetzikon
Guyer-Zellerstrasse 6
8620 Wetzikon
T. 044 932 62 29
E. info@bodyworx.ch
H. www.bodyworx.ch

Agnes Drexel
CANTIENICA®-Studio
Rapperswil
Merkurstrasse 1
8640 Rapperswil
T. 055 210 05 77
E. info@cantienica-rapperswil.ch
H. www.cantienica-rapperswil.ch

Margrit Locher
Centrum für Beweglichkeit
Bahnhofstrasse 15
8253 Diessenhofen
T. 052 741 43 56
M. 079 319 02 34
E. info@lochers-centrum.ch
H. www.lochers-centrum.ch

Chantal Monnier
Cote Corps
Espace pour la tenue
et remise en forme
Boulevard de Grancy 47
1006 Lausanne
T. 021 617 90 59
E. info@cotecorps.ch
H. www.cotecorps.ch

Andrea Nauer
CANTIENICA®-Studio
Schindellegi

Pfäffikonerstrasse 3
8834 Schindellegi
M. 078 889 71 28
E. info@cantienica-schindellegi.ch
H. www.cantienica-schindellegi.ch

Andrea Tresch
CANTIENICA®-Master
Teacher
CANTIENICA®-Yoga
Berglistrasse 42
6003 Luzern
T. 041 210 18 59
M. 079 628 79 54
E. andrea@cantienicayoga.ch
H. www.cantienicayoga.ch

Silber

Anu Althaus
CANTIENICA®
Studio Fällanden
Fröschbach 63
8117 Fällanden
T. 044 826 15 70
E. info@cantienica-faellanden.ch
H. www.cantienica-faellanden.ch

Luzia Bertschinger-Karg
Meierhofrain 28
8820 Wädenswil
T. 044 780 74 53
E. luzia.bertschinger@bluewin.ch

Kay Bruhin
Stüdli 4
9465 Salez
T. 081 757 29 53
E. kaybruhin@bluewin.ch

Gina Büchel
Schlattmadweg 1
9491 Ruggell
Fürstentum Liechtenstein
T. +42 3 373 14 73
E. gbuechel@adon.li

Graziella Ferpozzi
Alte St. Gallerstrasse 4
8280 Kreuzlingen
T. 071 688 76 72
E. g.ferpozzi@gmx.ch

Romy Fischer
Rieden 1
6370 Stans
T. 041 611 08 88
E. romy.fischer@tic.ch

Irene Häberle
Bachtelstrasse 36
8805 Richterswil
T. 044 784 58 15
E. irene.haeberle@swissonline.ch

Gabriela Hunziker
Rebstockweg 43
3232 Ins
T. 032 313 16 31

Beatrice Landolt
Kilchbergstrasse 34
8134 Adliswil
T. 044 710 70 60
E. bl@praxislandolt.ch

Petra Wiemann
Oberseestrasse 136
8645 Jona
T. 055 212 62 55
E. pedistar@bluewin.ch

Ruth Zimmermann
CANTIENICA®
Studio Rapperswil
Merkurstrasse 1
8640 Rapperswil

T. 055 210 05 77
E. info@cantienica-rapperswil.ch
H. www.cantienica-rapperswil.ch

**Adressliste AnbieterInnen
CANTIENICA®
Qualitätsclubmitglieder
Deutschland
Internationale Telefonvorwahl
0049**

Gold

Karin Altpeter-Weiss
CANTIENICA®
Studio Karlsruhe
Klauprechtstrasse 17
76137 Karlsruhe
T. 0721 9887125
E. info@cantienica-karlsruhe.de
H. www.cantienica-karlsruhe.de

Sylvia Apel
Brauhausstrasse 16
04600 Altenburg
T. 03447 314 259
E. sylvia.apel@freenet.de

Manuela Beck
CANTIENICA®
Studio Würzburg
Wiesenweg 3
97276 Margetshöchheim b.
Würzburg
T. 0931 464 334
E. info@ladyfit-studio.de
H. www.cantienica-wuerzburg.de

Antonia Bousiou-Kalski
Vitalstätte - CANTIENICA®
Studio Leverkusen
Schillerstrasse 6
51379 Leverkusen-Opladen
T. 02171 47989
M. 0172 9564022
E. info@vitalstaette.de
H. www.vitalstaette.de

Evelyn Dannhäuser
Yoga an der Spree
Köpenicker Str. 9
10997 Berlin-Kreuzberg

T. 030 612 4448
E. mail@spreeyoga.de
H. www.spreeyoga.de

Karlheinz Grübel
Marienplatz 4
88131 Lindau
T. 08382 22545
E. apm-gruebel@gmx.de

Erika Lenz
CANTIENICA®
Studio Osnabrück
Zelterstrasse 21
49076 Osnabrück
T. 0541 6 28 34
E. info@cantienica-studio.de
H. www.cantienica-studio.de

Angelika Liebenau
CANTIENICA®
Studio Hannover
Viktoriastrasse 36
30451 Hannover
T. 0511 2617821
E. info@cantienica-hannover.de
H. www.cantienica-hannover.de

Ruth Nuriya Macia
CANTIENICA®- Studio Berlin
Stromstrasse 38
10551 Berlin
T. 030 396 78 36
M. 0172 327 50 64
E. ruth.macia@cantienica-berlin.de
H. www.cantienica-berlin.de

Martina Neumayr
Praxis für Physiotherapie
Schwojerstrasse 38
82140 Olching
T. 08142 13130
E. k.neumayr@t-online.de
H. www.physio-neumayr.de

Luise Reggentin
CANTIENICA®-Studio Köln
Stammheimer Strasse 53
50735 Köln
T. 0221 9754855
M. 0179 1437695
E. info@cantienica-koeln.de
H. www.cantienica-koeln.de

Silber

Christina Bierler
Ruffini Allee 15
82166 Gräfelfing
T. 089 89 89 20 49
E. bierler.hp@web.de

Gertrud Fuchs
Karlstrasse 42
78073 Bad Dürrheim
T. 07726 939893

Gabriele Fütterer
Studio für Therapeutische
Powerfitness
Marienbreiter Weg 1
39638 Gardelegen
T. 03907 777777
M. 0172 3858556
E. fuetterer@afc24.de

Sylvia Keckeis
Dr. Wilhelm-Külz-Str. 47
18435 Stralsund
T. 03831 374851

Marie Lilian Menikheim
Pragersttrasse 9b
90571 Behringersdorf b.
Nürnberg
T. 0911 989 55 45
M. 0171 793 25 67
E. info@cantienica-nuernberg.de
H. www.cantienica-nuernberg.de

Lena Schneidewind
CANTIENICA®
Studio Schneidewind
Günzelstrasse 54
10717 Berlin
T. 030 81096796
E. info@studio-schneidewind.de
H. www.studio-schneidewind.de

Brigitte Stapper
Wilhelmstrasse 69
50733 Köln
T. 0221 1206504
E. brigitte.stapper@t-online.de

Larene Thomson
Liebermannstrasse 9a
22605 Hamburg
T. 040 8550 8836
E. larene.thomson@onlinehome.de

Christa Volandt
Forstgasse 7
67454 Hassloch
T. 06324 929771
E. chris.volandt@gmx.de

Katja Zückmantel
An der Mühlenbreite 6a
32130 Enger
T. 05224 938824
E. zueckmantel@web.de

**Adressliste Anbieter
CANTIENICA®
Faceforming Österreich
Internationale Telefonvorwahl
0043**

Gold

Olga Zanolin
Fischnalerstrasse 18
6020 Innsbruck
T. 0699 17274363
E. olga.zanolin@gmx.at

Silber

Sarah Gielen
Im Gässele 4
6830 Rankweil - Brederis
T. 0664 9709863
E. sarah.gielen@aon.at

Elisabeth Kiener
CANTIENICA®-Studio
Schottenfeldgasse 10/1
1070 Wien
T. 01 274 88 96
E. contact@cantienica-wien.at
H. www.cantienica-wien.at

Elisabeth Kirchmair
CANTIENICA®-Studio
Schottenfeldgasse 10/1
1070 Wien
T. 01 274 88 96
E. contact@cantienica-wien.at
H. www.cantienica-wien.at

Ulrike Spraiter
Schlossstrasse 38
5023 Salzburg
T. 0662 646847

Gertrud Weiss
Armin-Diem Gasse 14
6850 Dornbirn
T. 05572 20774
E. gertrud.weiss@utanet.at

**Adressliste Anbieter
CANTIENICA®
Qualitätsclubmitglieder ES / NL**

Silber

Spanien / Kanaren (0034)

Solveig Hoffmann
Eridanos-Zentrum für
Salutogenese
calle Vence 35
E-38530 Candelaria/Spanien
T. (0034) 928 51 69 55
E. info@koerperstruktur.com
H. www.koerperstruktur.com

Niederlande (0031)

Silber

Marijke Ludwig
Parallelweg Noord 97
NL HK 5281 Boxtel
T. 0411 672374
E. m.ludwig@planet.nl

Weitere Adressen

Adressen von weiteren
AnbieterInnen und
Informationen zu Ausbildungen
in der CANTIENICA®-Methode
finden Sie unter:
www.cantienica.com

Impressum

© 2006 by Südwest Verlag, einem Unternehmen der Verlagsgruppe Random House GmbH, 81637 München.

Projektleitung
Sabine Gnan, Sonia Naumann

Redaktion
Claudia Hosbein

Gesamtproducing
vm-grafik, Veronika Moga

Bildredaktion
Tanja Nerger

Umschlaggestaltung und Konzeption
R.M.E Eschlbeck / Kreuzer / Botzenhardt

Druck und Verarbeitung
Alcione, Trento

Printed in Italy

Gedruckt auf chlor- und säurearmem Papier

ISBN: 978-3-517-08186-1
9817 2635 4453 62

Bildnachweis

Alle Fotos stammen von Nicolas Olonetzky (c/o bascha kicki- photographers), München, mit Ausnahme von: 49 (Benita Cantieni)
Alle Illustrationen stammen von Heidemarie Vignati, München, mit Ausnahme von: 162 u. (Frank Geisler), 164 o. (Veronika Moga)

Hinweis